不景氣年代，重塑競爭力，最有價值的100堂課！
當大學文憑唬不了人的時候，你所能依靠的將只是實力！

大学生一定要做的100件事

暢銷增訂版

有些事，讀大學的時候不做，
畢業就會馬上後悔！

真敬/著

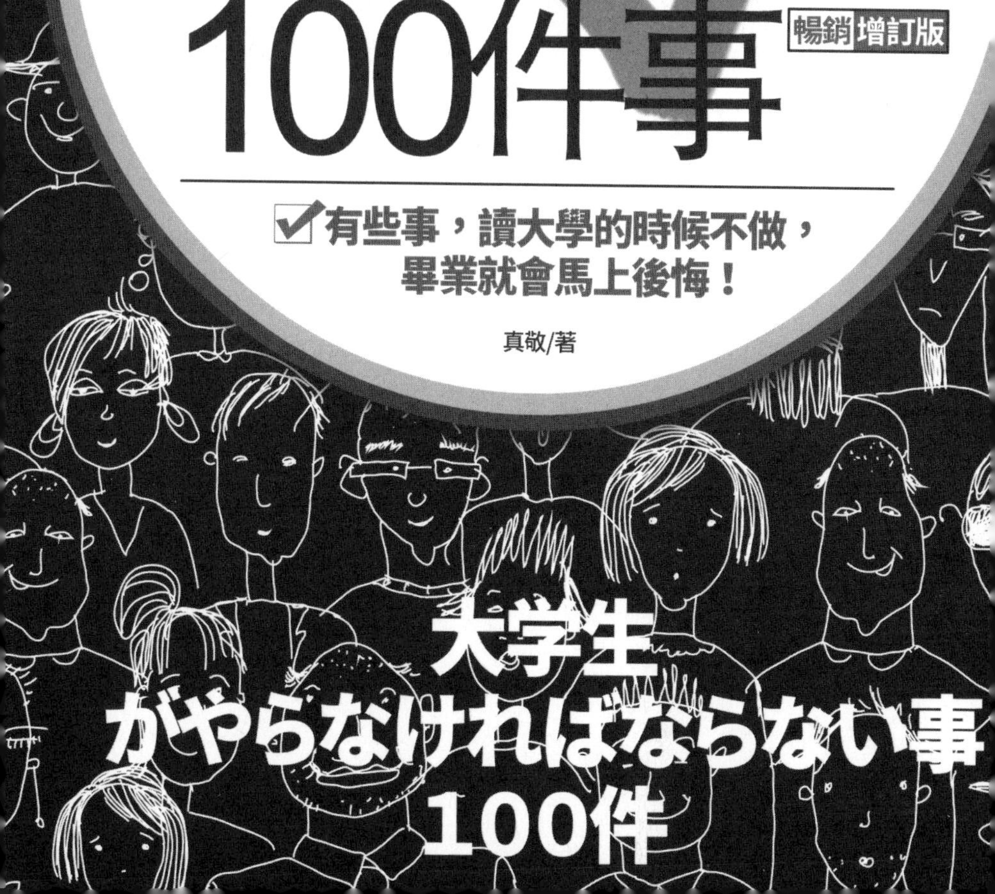

大学生がやらなければならない事100件

前言

每個時代的年輕人，
都有自己要做的事情！

小時候，父母總是對我們說：「你要好好讀書，將來考到一所好大學，才可以找到好工作，才可以對社會有貢獻，做一個有用的人。」在這樣的教育環境下，我們從小的使命就是「考上一所好大學」。為了這個使命，從小學到高中，我們在不同的大考和小考中，整整奮鬥十二年。

隨著我們走進大學校門的那一刻，一種莫名的興奮與失落頓時湧上心頭。現在的我們應該做什麼？我們應該為什麼而奮鬥？我們應該有什麼理想？每個大一新生，都會問自己這些類似的問題。有些人找到答案，有自己的理想，但是有些人卻沒有。

大學四年，你可以參加各種千奇百怪的社團，可以和漂亮女孩在花前月下卿卿我我，更可以成為打工狂人，努力賺取外快……這四年，你可以自由的呼吸、放肆的激情、奔放的成長，只要你小心，不要被這種生活的繁華和豐富所迷惑。

比較而言，現在高中生的考試壓力不再那麼大，再混的學生也可以混到一所大學，只要你不是要和自己過不去，一定要考上超級名校，大學似乎依然是一個樂土。大學生的生活，依然看起來非常耀眼和有趣。

真的是這樣嗎？

那麼，快畢業的大四學生在痛苦什麼？

易進難出。不管我們承認與否，大學畢業生已經不像二十年前一樣的搶手，每到畢業的時候，那些吃喝玩樂四年的快樂面孔，立即面臨現實的壓力。易進難出的大學局勢已經形成。過高的升學率所帶來的，除了快樂以外，還包括大學生和大學畢業生由原來的搶手貨變成過江魚蝦。你不知不覺感到身邊的每個人都有和你一樣的學歷的時候，當心哦，這個時代，大學畢業證書可能已經和身分證一樣，成為每個人都有但是對每個人都沒有什麼用處的東西。

所以，現在的大學生，其實要比二十年前的大學生可憐得多。因為大學四年，變成不只是開心玩樂的四年，還成為必須為以後的求職和求學打下基礎的四年。

人類的精力是有限的，你頻繁參加各種活動的時候，就不可能靜下來好好讀書；你刻苦讀書的時候，又沒有多餘的精力顧及其他，有很多人不是變成書呆子，就是閒人一個。等到離開學校，奔走於各種面試的時候，很多人開始心虛了，有些人後悔沒有多學幾門專業課程，沒有多累積一些社會經驗，有些人後悔選錯科系，可惜世界上沒有後悔藥。

有很多學生愁眉苦臉的問我，是不是我們要把自己搞得像高中生一樣，才有可能在畢業的時候順利找到工作？這樣一來，大學還有什麼意思？

為什麼不想一些辦法，兩者兼顧？

要做到這一點，我們需要知道自己的目標，然後制定計畫，安排進度。

我的朋友小君，某國立大學新聞傳播系畢業，總是精力充沛，充滿信心。大學四年，她的成績優異，更是學生會的會長，為人風趣幽默，朋友眾多。她的大學生活，豐富得讓人羨慕——大學第一年，她除了認真上課，還廣泛選修傳播系的相關課程，並且參加不同的社團，經由這些課程，她瞭解自己的專業。第二年，她選修國際金融的課程，確定從事財經新聞類工作的目標。第三年開學前，她完成在一家報社的實習，實習結束以後，一直在某家報社做兼職記者。第四年，她一邊學習，一邊找工作，現在已經成為知名週刊的專欄記者，稱得上是規劃自己人生的高手。

做好每件事情，第一重要的是信心，第二講究的是策略，第三還要有技巧。過好你的大學生活，從優秀學生中脫穎而出的致勝秘訣，絕對不是高智商和名校的光環，而是你的努力以及你的方法，如何度過重要的大學四年時間，值得我們認真的思考。在四年時間裡，不僅要學習書上的理論和知識，更重要的是學會如何思考，如何學習，如何生存發展，如何為人處世……大學裡需要學習如何成長的方法。

既然你已經讀到這裡，不妨看看以下提出的一百件事情，包括學習、生活、娛樂、處事等各方面，不一定每件事情都要做到，選擇適合自己的事情即可，只希望它對你的大學生活可以有所幫助。每個人都有自己的行為方式，相信看了這一百件事情，可以按照自己的實際情況，完善的規劃寶貴的四年時間，也許你會有其他的選擇。

每個人都是自己的主人，是你自己讓你變得和別人不一樣。成功靠自己，從現在開始，立即行動，相信自己，你就可以脫穎而出。競爭是一種挑戰，你的生活由你做主。

目錄

第二章：安排時間，而不是被時間安排

時間總是一秒鐘，一分鐘，一小時，不停的奔走，絕不會為了任何人多停留一下，失去的就再也找不回。不少人總是跟在時間後面奔走，總是到了火燒屁股才知道著急，這樣會浪費不少時間。合理安排時間，就等於節省時間，我們需要自己安排時間，而不是被時間安排。

第三章：上課是一門學問

上課是我們接收知識的重要途徑，上課的品質直接影響到成績的好壞和我們的專業能力，甚至直接關係到畢業證書的拿取，對待上課不可以有半點馬虎，找到上課的竅門會對我們大有幫助。上課本身也是一門學問，而且學問還不小。

第四章：學習有一萬種方法

在大學，我們需要培養個人的自學能力，死記硬背、埋頭苦幹只會加重自己的負擔，跟不上緊湊的學習進度。不只是大學，任何時期的學習除了刻苦努力，還要講究方法。掌握學習方法的意義，就在於更有效的學習。

第五章：課外最精彩

我們的大學生活豐富多彩，充滿激情、樂趣與自由。我們可以挑選自己喜歡的社團，盡情發揮自己的才能；可以參加各種派對、舞會；可以與同學朋友遊山玩水，在藍天白雲中放聲大笑；還可以坐在圖書館，捧著一本書，安靜的度過一天……我們可以選擇自己喜歡的生活方式安排每一天，讓大學生活精彩無限。

第六章：實習是走向社會的最佳跳板

實習是我們走向社會的跳板，想要讓這個跳板真正的發揮作用，需要我們提前規劃，根據自己的專業，趁早聯繫實習單位，把自己當成正式的員工來認真工作，多動腦，多動手，多動嘴，最終把公司瞭解透徹。

第七章：管理自己的生活

進入大學，有些人就會離開父母、家人來到異地，與一大群陌生人朝夕相處，真正的獨立生活就這樣開始了。不想讓家人為自己擔心，想真正的獨立，就先從自己的生活開始，照顧好自己的生活，讓自己更從容、更有自信吧！

第八章：找到一輩子的朋友

朋友是我們一生的財富，朋友間的相互關心，相互理解，相互幫助，讓我們感受到溫暖，從此我們將不再孤單。找到一輩子的真心朋友，是多麼幸福的事啊！

第九章：戀愛必修課

初戀都是美好的，也許男女主角並不是王子與公主，但是他們的心純真無邪，心中沒有任何的雜念與私心，更沒有世俗的眼光，所有的一切只因為愛，所做的一切雖然幼稚生疏，但是卻真誠，永遠都是跟著感覺走，全心全意的付出，純真是人世間最寶貴的感情，每個人都渴求得到它。

第十章：成功的習慣

習慣是我們在平常生活中，不自覺的重複某種動作或是話語而養成的言行舉止，這種習慣從某種意義上，決定了我們的人生。現實生活中，沒有哪一個人好吃懶做、無所事事，還可以取得成功，雖然有不少有錢人都有好吃懶做的習慣，可是這並不叫成功，也許他們運氣好中了大獎，或是有祖業，並且錢的多少和成功並不能相提並論。只有經過我們不懈的努力，達到我們預想的目標與理想，才叫做成功。

第一章：有目標，才有挑戰

每做一件事，都有它的目標。有時候，並不是人們無法實現自己的目標，而是不知道自己的目標是什麼。

曾經看過一個小故事，很讓人深思：有一頭千里馬，隨著探險隊繞著地球走了一圈，名聲大振，被稱為「神馬」，其他的馬和驢子都羨慕不已。於是，很多想要成功與出名的馬和驢子，紛紛找到這匹「神馬」，詢問為什麼自己付出同樣的努力，卻一無所獲。

「神馬」說：「其實我在環遊世界的時候，你們也沒有閒著，甚至比我還忙、還累。我走一步，你們也走一步，只不過我的目標明確，偌大個地球，我一直堅持走下去，你們卻躲在磨坊裡原地踏步。」眾馬和驢子聽了，愕然不已。

確認目標是成功的關鍵，成功不在於你身在何處，卻在於你朝著哪個方向走，並且堅持下去。

與其臨淵羨魚，不如退而結網，那條魚就是目標，可是如果有人興沖沖的拿著魚網跑到別人家游泳池內捕魚，不被人痛打一頓才怪。當然，這只是一個玩笑，可是卻告訴我們目標的確認是不可少的，方向往往比努力更重要，目標確認以後，才不會犯南轅北轍的錯誤。當然，目標確認以後，緊接著就是方法的問題。方法對了，就會事半功倍；方法錯了，就會事倍功半，甚至徒勞無功。你瞭解自己的目標嗎？

瞭解自己的科系

在大學，先由文理分科，然後就是專業分科。許多人湊在一起聊天，就會問：「你讀什麼科系？」

這個問題其實很簡單，在接到錄取通知單的那一天就一目瞭然，可是追問下去，也許就會有人吞吞吐吐說不出來了。

對於學生而言，「科系」是指根據社會專業分工的需要設立的學業類別，而「專業課程」是相對「基礎課程」而分，指學校根據培養目標所開設的專業知識和專門技能的課程。簡單的來說是指人文學科、社會學科、理科、工科，和其他較單一的哲學、商學、法學、醫學等學科。

許多人是在入學報名的時候，才接觸到「科系」這個詞，這個時候家人也跟著考生一起煩惱，害怕選錯科系，影響以後的人生道路，足見科系的重要性。

很多大學生，可能進入學校好長一段時間，都不知道自己的所學「專業」到底是什麼，每天拿著書本去上課，卻不明白自己學的這些東西有什麼用處，將來可以做什麼，如果繼續這樣下去，遲早會對自己的專業失去信心，也無法正確判斷所學專業的好壞，更不知道這個科系是否適合自己。

相信每個人都聽過「盲人摸象」這個故事，對於故事中那些盲人都覺得十分的滑稽可笑，因為他們只是憑著片面的瞭解或是局部的經驗，就亂加猜測，想做出全面的判斷。現實中真的有不少這樣的人，而且是睜著眼睛「摸象」。

瞭解一項事物，需要擦亮眼睛，全面、深入的瞭解，不能按照喜好，把它一段一段的分開看。

在大學的第一年，最重要的任務就是深入瞭解自己的專業。只有我們真正瞭解自己未來要面對四年或是一輩子的東西到底是在講什麼的時候，我們才可以對它做出規劃，才可以讓未來的大學生活，過得更有意義。

要瞭解自己的科系，我們需要瞭解以下幾個方面的內容：

- 瞭解科系的歷史
- 瞭解科系現在的發展狀況和未來的研究方向
- 瞭解科系在同類學科中的地位

- 瞭解大學四年整體的課程規劃和學科設置
- 瞭解社會的就業情況和人才要求
- 瞭解教授的研究方向和教授的個性
- 瞭解考試的要求和及格率

瞭解自己的科系，明白學習它的目的，結合自己的實際情況，才可以對所學專業做出正確判斷，就可以清晰的規劃大學四年的生活，完善自己的所學專業，為將來的生涯規劃打下堅實的基礎。

還沒有全面、深入的瞭解自己科系的人，也許應該行動了。

大一就要有自己的職業規劃

從前，父母在孩子週歲的時候，都會舉行一個隆重的「抓週」儀式，祭神拜祖之後，在神桌前準備一個米篩，裡面放著十幾樣物品，讓小孩子去抓，藉此找到培養小孩的方向。一般而言，小孩抓到書，象徵著將來會讀書，適合做學者、專家；抓到印章，象徵著有權勢，會做大官；抓到算盤，會當商人、會計師，適合從商……

這只是父母的一種美好願望，不可當真，也為時過早。可是如果到了大學畢業的時候，仍然沒有找到自己的方向，不知道自己到底想做什麼，就真的太晚了，也對往後的發展不利。

瞭解自己的科系，也是為了更明確以後職業的方向，如果大一就制定好自己的職業規劃，到時候找工作就不會手忙腳亂，隨便湊合。

這個職業規劃並不需要一開始就確定將來要做什麼，而是要明白自己是什麼樣的人，想成為什麼樣的人，適合成為什麼樣的人，對自己的未來有一個規劃，它只是一個大致的方向。路當然有很多條，擺在人面前的往往是一個三岔路口，要選哪一條，有時候真的讓人左右為難。

世界歌壇超級巨星帕華洛帝，曾經問自己父親一個問題：「我是當教師呢？還是當歌唱家？」（他是師範院校畢業的），父親告訴他：「如果你想同時坐在兩把椅子上，你可能會從椅子中間掉下來，生活要求你只可以坐一把椅子。」

這把椅子的確對你以後的人生道路至關重要，大一制定的職業規劃也是為了這把椅子的選定而做準備。

許多人現在從事的工作，與以前自己制定的計畫經常差距甚大，這是很正常的，不是經常有人戲言：「計畫趕不上變化。」正因為世事變化無常，讓人措手不及，早一點做好準備，經過多次的試驗，慢慢摸索出一條自己喜歡又適合自己的路，可以幫你節省不少的時間與精力。

這份職業計畫就像是一張素描，開始僅僅只是粗粗的幾筆，隨著時間的推移，加入的元素越來越多，圖畫也會越來越清晰，也許與你最初構思的藍圖相差甚遠，但是那已經不重要，因為有更適合你的路等你走下去。

進入大學的時候，就開始想想四年後的今天吧！

不要盲目換科系

科系，是我們以後可能需要面對一生的事業。對自己科系的認同度，可以決定我們未來四年學習的基本動力。在現在的校園裡，有不少人都不滿意自己的科系，他們愁眉苦臉的埋怨：「這個科系根本和我原來想像的不一樣。」他們像在苦海中艱苦跋涉的路人，看不到前路的方向。不過幸好現在的學校制度比以前寬鬆許多，學生們有換科系的機會。只要你符合條件，做足努力，就可以「重生」一次。但是，站在人生的十字路口的時候，到底是換，還是不換？如果要換，應該做怎樣的決定？卻是值得我們好好思考的問題。

有一隻小螳螂離開媽媽，去拜老虎為師，牠每天都努力的揮舞著手中的兩把大刀，跟在老虎身後摩拳擦掌，但是卻始終無法做到像老虎一樣威風。後來牠聽說，學會木匠技能，就可以不愁三餐，就辭別老虎，拜大黑熊為師，小螳螂拿著手中二把大鋸子，上山鋸了一整天的木頭，累得上氣不接下氣，可是樹木連皮也沒劃破。小螳螂不得不放棄學木匠的打算。牠回家跟媽媽學捕蟲，卻沒想到手上兩把大刀的威力不小，捕蟲似乎也是一件很輕鬆的事。小螳螂最後終於找到自己的事業，牠成為一名捕蟲高手。

每個人都有自己的優勢和劣勢，適合自己的才是最好的。就像那隻小螳螂，雖然牠天生就有兩把大刀，但是牠的大刀不是用來舞刀弄槍，也不能砍樹伐木，而是用來捕殺小蟲的。每個人手上都有一把大刀，如何最大限度的使用這把大刀，首先要認清這把「刀」的構造，知道自己適合做什麼。科系也是一樣，在面對選擇的時候，我們需要深刻的考量，我們現在對這個科系的不認同，是真正由於不適合引起的嗎？我們的不喜歡，是否只是為了反抗父母的叛逆。我們現階段在專業學習上的挫敗，是否只是我們還沒有找到學習這個專業知識的真正方法？

轉換科系，是一件需要極其慎重對待的事，它代表著你需要放棄現在的選擇，也代表著你將要選擇另一個或許也會後悔的東西。選擇之前，先問自己，我真正瞭解我現在的科系嗎？我真正瞭解我將要選擇的專業嗎？如果答案是否定的，請你先去瞭解。

瞭解自己的專業知識，除了在「大學要做的第一件事」中我們提到的幾大要點以外，我們還可以參考以下的方法：

不好。

■和系主任長談一次，他們大多可以給你很好的建議。

■和做過同樣換科系決定的學長、學姐談談，你現在的猶豫和迷茫，他們都經歷過。

■和父母誠懇的交談，讓他們明白你的困擾，並且站在你的身邊。

■不要因為虛榮心而換科系，現在熱門的科系畢業以後不一定熱門，冷門的也不一定就不好。

■對於即將選擇的科系，一定要做比原本科系更充份的瞭解。

旁聽其他科系的課

旁聽，即是非正式的跟班聽課，雖然說是非正式的，但是對我們的幫助可不小，大學生如果可以合理安排自己的作息時間，去旁聽其他專業課程，一定會有不少收穫。

大偉第一次接觸電腦就被深深的吸引了，很早就決定報考電腦相關科系，可惜事與願違，由於考試成績不理想，被分配到其他科系。對此，大偉並不灰心，除了認真學好自己的專業課程，還旁聽一些與電腦專業相關的課程。

經過一段時間的瞭解與比較，大偉發現自己對原來的科系毫無興趣，果斷的選擇適合自己的電腦科系與技術專業。

換科系以後，為了更深入的瞭解自己的新專業知識，和完善自己的專業結構，大偉並沒有放棄旁聽，仍然是精神百倍的穿梭於各個教室與課堂，學習起來更是拚勁十足。

由於積極、正確的旁聽其他科系的課，大偉才確定自己科系的替換與選擇，看來旁聽的好處確實不少。

每門學科都是有關聯，是相通的，我們安排好時間，準備去旁聽的時候，剛開始仍然需要放慢腳步，認真的決定旁聽的科目，帶著興趣與目的去旁聽，要知道，旁聽不等於亂聽。

如果我們只憑一時興起，今天坐在資訊管理系的教室裡，明天又跑到環境工程系的課堂上報到，後天又去土木建築系，這就像一隻無頭蒼蠅四處亂竄，費時又費力。

靜下心來，仔細分析原本科系的知識結構，選擇相輔的課程，用心的旁聽，這樣不但可以擴大自己的知識，對專業知識的學習與瞭解產生促進作用，更可以進一步的深入瞭解自己的專業，為往後的人生規劃明確目標。

大偉就是這樣帶著目的去旁聽其他課程，其中有三門課程從未改變過。

一：廣告學（活躍思維）

二：電腦網路（專業輔助）

三：動物生物學（興趣愛好）

我們可以根據自己的興趣愛好與專業特色，有目的性的選擇旁聽課程，一定會讓我們受益匪淺，也許還會有意想不到的效果。

儘早確定自己要不要考研究所

人多多少少都會有一點圍城效應，城外的人想進來，城內的人想出去。就像現在許多工作的人後悔當初沒有考研究所，但是正在讀研究所的人卻後悔沒有早一點工作。人的一生就是一個不間斷的學習過程，只要有心，不管是在社會還是在學校都一樣。不過這兩種學習環境的確不同，教給人的知識也是截然不同的，人從中得到的快樂也是完全不同的滋味。

社會是一個市場，但是也像是一個利益交換的場所，職場的風雲變化十分誘人，卻處處暗藏殺機，勾心鬥角也隨處可見。學校是知識的殿堂，是一座象牙塔，雖然賞心悅目，卻要忍得住寂寞與清貧。還有一個現實的問題：錢，讀研究所需要錢，但是工作以後可以賺錢，真是魚與熊掌二者不可兼得。

現在大學畢業生要找到一份好的工作並不容易，進入一所好的研究所也不是一件輕而易舉的事，想要順利找到一個滿意的工作，或是考上自己嚮往的研究所，都需要花大量時間去苦心經營。

想如願以償，需要儘早確定自己要不要讀研究所，如前言所述，趁早確定自己的目標，並且為之努力，才可以更好的達到目標。

靜下心來才可以把書讀好，「寒窗苦讀」這句話說得一點也沒錯，工作之後再返回來考研究所的精神是值得人敬佩的，不過要多花很長的時間來進入狀態，重新拾起早已生疏的記憶。當然，也有人早就打算考研究所，也一直為此而奮鬥，卻因為經濟或是其他原因不得不工作，這是十分令人惋惜的事情。除去種種的萬不得已（如果可以克服，應該盡最大的能力克服），儘早的做出是否考研究所的決定，並且為此而努力，相信就可以得到自己想要的生活。

一九七三年，科萊特考入美國哈佛大學，經常和他坐在一起聽課的是一位十八歲的男孩，兩個人因為對於電腦技術有共同的愛好而惺惺相惜。大學二年級的時候，這個男生興奮的跑來和科萊特商議，想要勸他和自己一起休學去開發「32-bit」財務軟體。這一切，是因為他們在一次討論中看到進位制路徑的轉換問題，所帶來電腦技術的發展前景。

科萊特考慮了很久，他清楚的明白，自己的才能更適合於學術的研究和技術的開發，大學的環境讓他更有挑戰。他婉謝了這位好友。

十年以後，科萊特成為哈佛大學電腦系的專家，但是他的同學，那位豪情萬丈的男生，在這一年進入美國《富比士》雜誌億萬富翁排行榜，他是比爾・蓋茲。

每個人有不同的人生道路，科萊特和比爾・蓋茲兩人都達到自己的目標。這就是他們的選擇，他們一直為此奮鬥著。

早做決定，早做準備，儘早決定是否考研究所，可以讓目標更明確。

考慮「雙學位」或「輔修」

面對日益增加的競爭力和嚴峻的就業形勢，為了提高自己的「機會」，許多大學生選擇「雙學位」或是「輔修」這條路，這樣做不管是對將來的求學生涯還是就業，都有很大的幫助。這就像上了雙保險，比別人又多了一塊「敲門磚」，優勢就非常明顯了。

有一個童話，講的是從前有一個王子愛上一個牧羊女，想娶她為妻，可是牧羊女卻提出一個奇怪的條件：王子必須學會一門手藝。王子是國家的未來繼承人，只需要學習如何管理國家，當然不必學習什麼手藝，可是深愛牧羊女的王子欣然同意了，王子開始學習編織草蓆。不久，王子帶著親手編織的草蓆，迎娶牧羊女。

有一次王子微服出訪，不小心落入強盜的手裡，王子就自稱是編草蓆的工人，還指點匪徒拿著自己編織的草蓆去王宮，一定可以賣個好價錢，果不出王子所料，妻子就是根據那幾張草蓆找到賊窩，把王子救了出來。

看來，多一項本領，好處頗多。大學生在校期間拿到雙學位或輔修，也可以增強自己的實力，優勝劣汰這個原則永遠也不會改變，隨著競爭的增大，相信會有更多的人加入「雙學位」或「輔修」的隊伍。可能會有人說：「我們不是超人，大學課程並不輕鬆，如果再拿『雙學位』或『輔修』，一定會手忙腳亂！」其實不然，拿「雙學位」或「輔修」並不一定要花雙倍的時間與精力，由於專業課程與選修課程的特性，可以用選修的第二科系的專業課程代替本科系的選修課程，只需要趁早做好計畫，合理安排時間，這並不是一件難事，那些已經拿到「雙學位」的學長、學姐們就是最好的榜樣，他們並不是超人，每個人都可以和他們一樣。

在「雙學位」與「輔修」的選擇上，我們也需要仔細考慮，千萬不要趕鴨子上架，隨便做出決定。「雙學位」或「輔修」的選擇，可以根據本身專業的知識結構以及需要出發，如果原本專業的學科就十分困難和沉重，再選「雙學位」或「輔修」，一定會壓得自己喘不過氣，這簡直是自尋死路。我們選擇「雙學位」或「輔修」是為了完善本身的知識結構，增強綜合實力，而不是自找麻煩。另外，不要忘記考慮自己的能力，如果連本科系的課程都沒有學好，這樣做無異於「撿了芝麻丟了西瓜」，更要命的是，連「芝麻」也沒撿到！

心有餘而力有足，是必備條件。

旁聽其他專業課程以後，再根據自己的專業結構以及本身能力，才考慮要「雙學位」或是「輔修」，重要的是相信自己，保持學習熱情，決定了就行動吧！

提前瞭解獎學金和研究所的評選標準

雖然我們不能只憑獎學金、保送與否去判斷一個人的優劣，但是如果在你的履歷中，頻繁出現各類獎項的字樣，一定會令人印象深刻，因為這確實是學業優秀的一個表現。

每個人都想得到的東西，競爭一定很激烈，獎學金和保送名額必定是僧多粥少的一件事情，大部份的人會認為這是優等生的事，不在自己的考慮範圍。其實不然，等我們真正的瞭解其中細節後，也許就會改變看法。

從前有一個屠戶名叫庖丁，有一天，庖丁被請到文惠君的府上，為其宰殺一頭牛。只見他手起刀落，只用了極短的時間，輕輕鬆鬆就把那頭牛分解了，眾人看了皆驚嘆不已。

文惠君禁不住問庖丁殺牛的秘訣，原來一個技術高明的屠戶只會避免用刀砍骨頭，大概一年換一把刀；更多的屠戶則是用刀砍骨頭，大概一個月就要換一把刀。庖丁的刀已經用了十幾年，宰殺的牛不下千頭，可是刀鋒仍然鋒利無比，原因就是庖丁瞭解牛身上的構造，每一塊肉、每根骨頭，以及肉與骨頭間的縫隙。

庖丁取勝的關鍵是對牛的瞭解，絕不是因為他比別人高大威猛或力大無窮。我們也不用把獎學金與保送名額想成洪水猛獸，它真的沒有你想像的那麼困難。當然，這需要我們瞭解評選標準以後，重點出擊。

獎學金的評定，從功能上來說一般分為：一、以學業成績和素質評等結果為基本依據的學業獎學金，二、與各種社會活動、課外特長、學生事務相關的綜合獎學金。

從評選標準來看，學業獎學金的評選標準是按照專業課程成績、論文發表狀況、實驗和課題研究狀況來決定的，這些評選標準和學業是相對應的，要拿到是需要在課業上下一番苦功的。綜合獎學金的評定則要靈活得多，學生幹部、競賽獎項、課外特長，甚至義工活動都可以進入獎學金評定的範圍。如果不事先瞭解其中的評選規則，盲目的申請，原本有實力拿到綜合獎學金的人卻與爭取學業獎學金的人一較高下，就真的吃虧了。

同樣的，研究所的保送規定也是各有差異，不同的學校有不同的規定和標準。我們需要提前瞭解，然後根據自己的實際情況，找到適合自己的選擇，做好準備重點出擊，才可以知己知彼，百戰不殆。

有選擇的拿到獎狀和證照

考取一些有用的技能證書，是現在的大學生必須要做的一件事情。許多人認為證照越多越好，都快到了見證就考的地步，櫃子裡塞滿證照、獎狀，變成名副其實的「證照達人」。大家如此辛苦的考證照，是為了將來找工作的時候多一份保險。這種想法與做法很好，但如果只是盲目「為了證照而考試」，這樣做就不太好了。

從前，森林裡有一隻小狐狸，志向遠大，想成為全森林最能幹的人，牠學了賽跑、飛行、爬樹、游泳。每天，小狐狸都努力的練習，終於等到運動會開始的這一天。

眾人對牠的期望頗高，小狐狸也是信心滿滿，沒想到幾天比賽下來，小狐狸傷心的哭了。賽跑，小狐狸輸給了兔子；飛行，小狐狸輸給了老鷹；爬樹，小狐狸輸給了猴子；就連游泳，小狐狸也輸給了以慢出名的小烏龜。

小狐狸雖然懂得不少，可惜沒有一樣是自己精通的，和別人的長處比，不輸才怪。

有時候，多並不是一件好事，除了多還需要精。可惜人的精力是有限的，知識卻是無限的，當我們四處學藝，收集五花八門的證照的時候，可能學到的僅僅只是皮毛。

試想一下，我們可以拿著英檢中級證照、保險經紀人證照，和一個僅拿著高級程式設計師證照的人，競爭軟體工程師嗎？當然不行，就算我們有柔道黑帶，也拚不過人家。

我們需要有選擇的拿取獎狀和證書，可以根據自己的專業結構、職業規劃，以及自己的特長和就業趨勢，有目的的拿取獎狀和證照。這樣，我們每考一個證照，每得一次獎，就可以又一次的增強自己的專業實力，為以後的道路打下堅固的基礎。

我們可以學習小狐狸的遠大志向和好學的精神，不過不要學牠的「四處拜師」，有選擇的拿取獎狀與證書，可以讓我們更直接的到達目標。

主動要求參與指導教授的研究工作

大學教授除了教學以外，一般都從事相關的科學研究和學術活動。他們經常需要學生們在這些活動中幫忙。對我們來說，這是一個難得的機會，主動要求參與指導教授的研究工作，可以讓我們更早的接觸到專業的核心內容，也讓自己有更多學習的機會。

阿文是一個沉穩內向的男孩，他在大學第二年的暑假就主動要求參與教授的研究工作，同學和他談到這個暑假的收穫的時候，他非常興奮的說：

- 參與此類工作，酬勞是最不重要的一點，可以參與就是一項很值得的回報。
- 工作需要從最基本的開始，懷抱著為研究工作打雜的心態去學習會更好。
- 在工作中要多想、多問、多實踐。
- 可以得到更多和教授接觸、交流的機會。
- 在教授的指導下，如果可以將研究的心得和成果發表成論文，那是最好的。

■可以更清楚的看到自己的專業的發展方向和研究核心。

■和教授、學長們的相處中，可以為自己累積良好的人脈打好基礎。

參與教授的研究工作是一份「好差事」，它可以鍛鍊我們專業和人際的實踐能力，想取得這個機會，需要儘早主動的向指導教授提出要求，不然別人就會捷足先登，千萬不要指望教授會親自請求你的幫忙。

並不是每一個積極主動的人，都可以在大學階段參與研究工作，阿文是一個特例，這不僅僅是因為他夠主動，更重要的是，他在大學前兩年的專業課程中，都保持班上前三名的好成績。課業的優秀是最基本的一個條件，在這個基礎上，向教授推薦自己以前，我們最好對教授的研究課題有一些瞭解，知道教授的研究方向、研究要求和課題發展的現狀是什麼。只有當我們表達出對專業的認真和積極主動的態度的時候，這個難得的學習機會，才會降臨你的手中。

參與研究工作，可以讓我們受益匪淺，機會來了就不要放棄，主動推銷自己吧！

為參與研究工作「打雜」

美國成功學家格蘭特納曾經說過：「如果你有自己繫鞋帶的能力，你就有上天摘星的機會！」想要做好一件事，需要從簡單的事情做起，從細微之處著手。在研究工作中「打雜」，可以讓我們學到不少東西。

森林裡的動物們計畫在大河上建一座橋，於是，所有動物都來幫忙。大象用牠有力的鼻子把巨石推入河中，犀牛把沙土頂到水裡，大猩猩把木頭拉到河裡，所有的動物都忙得不亦樂乎。只有小松鼠愁眉苦臉，覺得自己實在太小，幫不上什麼忙。後來，牠想出一個好辦法，用自己的爪子為牠們抓抓癢、梳理凌亂的毛髮，也做得十分賣力。

工作取得成就的大小，取決於我們的用心程度和奉獻精神，只要用心，一切皆有可能。如果有機會參與研究工作，千萬不要把自己定位太高，深奧的研究工作也有許多瑣碎的事情，也需要「打雜」的人。剛進入這些工作的我們，只需要做好被交待的每一件小事，做好每一個小細節。配合別人的工作是一項很重要的工作，在這項重要的工作中，我們可以學到我們想學到的任何東西。

研究工作需要嚴謹的工作態度（任何工作也是如此），在這些研究中「打雜」的我們，需要做到的就是仔細、認真、凡事多想一步。例如：在複印文件的時候，多注意文件的次序和正反面，為完成的文件加上頁碼、封面，並且進行簡單的裝訂。

清洗試管、儀器的時候，嚴格按照實驗要求的步驟和操作手法。完成清洗以後，多注意實驗台的整潔和乾燥，並且對每一次的整理做好相關記錄。我們做的都是小事，但是不要以為這些小事可有可無，少了這個環節，有可能整個研究工作就會出錯。

不用擔心別人看不到自己的用心，認真做好自己的本職工作，我們的付出都會被旁人看在心裡。認真對待「打雜」工作，做好每一件事。正是這一份「用心」與「細心」，將為我們爭取到更有挑戰的工作，為我們進一步參與研究打下基礎。

有一個有名的企業家曾經說過一句話：「**什麼是不簡單？把每一件簡單的事做好就是不簡單；什麼是不平凡？能把每一件平凡的事做好就是不平凡。**」

為參與研究工作認真「打雜」，也可以不簡單，把握每一次機會，用心做好每一件事。

第二章：安排時間，而不是被時間安排

時間總是一秒鐘，一分鐘，一小時，不停的奔走，絕不會為了任何人多停留一下，失去的就再也找不回。不少人總是跟在時間後面奔走，總是到了火燒屁股才知道著急，這樣會浪費不少時間。合理安排時間，就等於節省時間，我們需要自己安排時間，而不是被時間安排。

從前有一個農夫，種了水田，田中的雜草剛冒出一點小芽，他的鄰居就過來提醒他，可是農夫卻躺在床上說：「等所有的草都長出來，再一起除掉！」，鄰居聽了，搖搖頭走了。一個月過去了，草全部長了出來，農夫拿著鋤頭去除草，忙了一整天，終於把草除得乾乾淨淨，可是水稻早就被草纏死了，這一年農夫顆粒無收。讓時間牽著鼻子走，總會讓人措手不及，甚至釀成大錯。大學的生活豐富多彩，除了日常的上課，還有各種講座、報告、社團活動、同學交往。面對這麼多的精彩活動，很多人分身乏術。如果我們不懂得安排時間，任自己自由發展，過了四年散漫的生活以後，在畢業的時候，我們也會和那個農夫一樣「顆粒無收」。

大學四年如此浪費真的很可惜，這是學知識、長見識的四年，更是為將來打基礎的四年，要做的事情實在太多，絕不是單純的上課學習。如果不安排時間，總會有許多的雜事絆住腳步，讓我們手忙腳亂，讓計畫無限期的延後，等到畢業的那一天，才發現什麼都晚了。

瞭解自己的人生

人生的意義在於找到自己想做的事，並且做好自己想做的事。天生我才必有用，每個人都有自己的優勢與局限，規劃自己的人生道路以前，不要忘記先瞭解自己，清楚自己想過什麼樣的生活。

西方有一句諺語：「**如果你不知道要去哪裡，你哪裡也去不了。**」如果不瞭解自己，即使規劃得完美無缺，花盡心血也很難找到一條適合自己的道路，規劃永遠處在追求中。

山林裡住著一隻百靈鳥，很會唱歌。只要牠一開口，樹林裡馬上就會靜下來，所有的動物都會認真的聽百靈鳥唱歌。

小烏鴉羨慕極了，也想成為萬人矚目的歌唱家。於是，牠放開嗓子，「呱，呱」的叫了兩聲，自己感覺好像還不錯，就準備不少禮物，上山學藝。百靈鳥總是認為小烏鴉的資質不夠，可是經不住小烏鴉的再三請求，只好答應牠。在百靈鳥的指點下，小烏鴉練歌很用心，一學期很快就結束了，小烏鴉決定在眾人面前展示自己的歌喉。

沒想到，才呱呱的叫了兩聲，就引起所有動物的不滿，歌聲實在太難聽，不但被小動物們喚作「垃圾」噪音，還被人們認為是不吉利的預兆。

有哲人說：「**垃圾是放錯地方的寶貝。**」小烏鴉想成為歌唱家並沒有錯，錯在牠不瞭解自己，不明白自己的嗓音不適合唱歌。這就像一個四肢粗短的人，妄想成為世界頂級舞蹈家，誰也不能嘲笑這種大膽的想法，只能建議當作興趣愛好，也許其他的路更適合他。如果我們可以瞭解自己，瞭解自己的人生，就可以少走彎路。

每一個人都有自己的性格，有優缺點、長短處。如果可以瞭解自己，揚長避短，經過合理的規劃，在實踐中不斷完善自己的人生，相信可以讓自己的人生道路走得更遠、更精彩。瞭解自己的人生，並且規劃自己的人生，不要忘記考慮自己的興趣喜好，沒有樂趣的人生，成功也會打折。

這個瞭解的過程，絕不是只靠思考，而是經過無數次的實踐與嘗試。大學是踏入社會的跳板，規劃自己的人生以前，請好好的瞭解自己，瞭解自己的人生。

制定學期計畫

何謂計畫，字典上解釋為：在一段時間內對所進行的工作預先擬定的辦法、步驟。一個切實可行的計畫，它具有五個特徵：首先，計畫應該具有明確性。其次，計畫必須具有全面性。再次，計畫必須具有協調性。第四，計畫必須具有彈性。最後，計畫必須具有功利性。

就連在申請留學及簽證的過程中，也要求寫學習計畫書，可見事先計畫的重要性。工作有工作計畫，學習有學習計畫，大學生可以用學期為單位，根據自己的實際情況，制定自己的計畫，計畫中當然以學業為主，其他為輔。有了切實可行的計畫，並且依此而行一定會事半功倍，取得顯著的成效。

小雅的計畫表，可謂包羅萬象，面面俱到。有四年學習計畫、英語強化訓練，還有為了將來求職做準備的計畫，從清晨六點半開始，到晚上十一點睡覺，每段時間都做了詳細安排，從那些塗塗改改的地方可以看出，小雅還經常根據實際情況做一些相應的改變，看了讓人嘆為觀止。

有人問小雅是否完全按照計畫執行，回答是否定的。因為生活總有各式各樣的小插曲，總會有一些事情在意料之外，不過小雅總是盡自己最大的能力按照計畫做事，一直堅持了四年。正是因為這些計畫，小雅總是可以有條不紊的做好每一件事，取得優異的成績，還成為辯論社與舞蹈社的主力成員。

大學四年，我們可以根據自己的實際情況、專業課程結構，來制定學期計畫，還可以把目標簡單化，設定幾個小目標來分段執行，並且根據自己的學習進度，隨時修改自己的計畫，完善自己的計畫，提高自己的能力。不要忘記，計畫的關鍵是執行，否則就會變成空談，四年的學期計畫、目標也應該不斷的改變。

第一年：接受新事物

第二年：調整自己

第三年：拓展自己

第四年：提升自己

依「計」行事，堅持不懈，定能早日達到我們的目標。

確定目標，探索途徑

有目標才有挑戰，目標確定以後，如何才可以達到這個目標，需要我們用心的探索。

不少人認為，只要把目標確定下來，堅持不懈，總會有一天可以達到目標，如果這樣想，就大錯特錯了。通往目標的途徑有許多條，其中還有不少歧路、障礙，如果不知變通的走下去，很有可能會迷路。

這就好比，一加四等於五，二加三同樣也等於五，也許「五」的前面是一條大河與四座高山，也許「五」的前面是二處平原、三片沙漠，有些人擅長登山，有些人害怕溺水，更不知高山長河、戈壁沙漠之中又有何種險情。雖然條條大路通羅馬，哪一條才是適合你走的路，路的終點是否真的是「羅馬」，都需要我們在前進的道路上不斷探索。

有一個小女孩給二個長輩出了一道題目，一加一等於多少？

年紀稍輕的那個人一聽：「你這個傻孩子，一加一等於二，這還要問嗎？」另一個聽了直搖頭，表示不贊成前者的答案，他說：「如果是一杯水加一杯冰，它等於幾？等於一；如果是一頭狗加一頭貓，它就什麼也不是，等於零；如果是一頭母狗加一頭公狗呢？它可以等於二，等於三，等於四，等於任何數字，想事情不能以偏蓋全。」聽得前者目瞪口呆，但是心服口服。

這個故事說明，同一條路上不同的人，就算踩著相同的步伐，也不一定得到相同的結果。有可能前人已經在前面走出一條平坦大道，但是它不一定適合你。只有借鏡前者的經驗，再透過自己的探索，找到一條適合自己的路，如果可以找到捷徑就更理想。

要達到目標並不是一件容易的事，要懂得靈活前進，根據自己的實際情況，尋找屬於自己的路。遇到障礙的時候，不要膽怯灰心，要堅持下去，盡量找到自己擅長或感興趣的事情，讓自己永遠充滿鬥志與信心，在失敗與成功中吸取經驗，避免自己在同一個地方摔倒，一步步的前進，一定可以達到自己的目標。

確定目標，探索途徑，可以讓我們早日取得勝利，不要忘記繼續努力，攀登更高的山。

投身於一個長期的「宏偉計畫」中

拿破崙說過：「**不想當將軍的士兵，不是好士兵。**」

每個人都有自己的理想抱負，有許多人就是在理想抱負的牽引下，一步一步的堆建自己的未來。有些人達成願望，有些人走了另一條路，有些人可能摔得很慘。不管結局怎樣，在這個「宏偉計畫」的牽引下，在奮鬥的過程中得到了磨練，人也逐漸變得成熟。

曾經看過一個故事：有三個砌牆工人，一起來到大城市，每天在工地工作。有人問其中一個工人：「你在做什麼？」，這個工人無可奈何的說：「沒看見我在砌牆嗎？」從此，他每天就在工地砌牆，做了一輩子。

又問第二個人，他平靜的說：「我在建一幢漂亮的大樓。」最終，此人在這座城市擁有自己的房子。

問第三個人的時候，他嘴裡哼著小調，愉快的說：「我在建一座美麗的城市。」經過多年的努力，他擁有自己的建築王國，建了一棟又一棟的高樓大廈，組成一座美麗的城市。

很明顯，定一個「宏偉計畫」可以激勵人走得更遠，在平凡中感知不平凡，在努力中構築自己的夢想。

大學四年，是關鍵的四年，也是轉型的四年，許多人面對突如其來的自由，無法自我控制，迷失在網路、遊戲或是別的事情中，白白浪費了不少時光。如果我們可以靜下心來，和自己的心靈好好的交流，就會發現自己並不想如此打發時間，蒙混過日子。

仔細想想心中最渴望的事情，長期投身於一個「宏偉計畫」中，讓自己充滿鬥志、充滿激情，精神抖擻的實施計畫，不虛度自己的每一天。

施行這個「宏偉計畫」的時候，要考慮它的可行性，能實現的是願望，不能實現的是幻想，不可以失去自己的雄心壯志，否則就不能稱為「宏偉計畫」。取得一點進步的時候，可以給自己一點掌聲；受到挫折的時候，也不要氣餒，要堅持下去。

儘早投身於一個長期的「宏偉計畫」中，不管它能否成功，堅持努力下去，讓自己的生活更有衝勁、更精彩。在磨練中，你總是可以有所收穫，真正讓人怦然心動的是自己努力的身影、自信的笑容，過程遠比結局更值得人回味。

一開始就為長期作業設定最終期限

相信有不少人，在大學四年中有熬夜K書的經歷，為什麼？因為考試迫在眉睫，沒有人會在考試前幾個月就開夜車，如果教授指定一項作業期限為一個月，相信許多人第一個星期根本想不起來有這件事，第二個星期一切照舊，第三個星期才慢吞吞的進行，第四個星期就開始急了，取消一切約會，把自己關在圖書館、教室裡拚命趕工。

曾經有一個名不經傳的年輕人，第一次比賽就獲得馬拉松比賽的冠軍，令許多人都好奇不已。原來三年前，他開始練習長跑，訓練中心的四周是崇山峻嶺，每天凌晨二、三點就起來跑步，可是成績一直不理想。有一天，這個年輕人在訓練途中突然聽到狼叫聲，由遠及近，嚇得他不敢回頭看，只好拚命的跑，沒想到那天的訓練成績特別好。其實，根本沒有狼，他聽到的狼叫聲是教練裝出來的。

年輕人心中的這頭狼相當於一個警鐘，跑慢了就會人入狼口，我們也可以一開始就為自己的長期作業設定最終期限，用來督促自己。

大學生活實在精彩，身邊經常會出現各種的誘惑，很容易分散人們的注意力，甚至讓人沉迷到不能自拔，而中斷自己計畫中的事情，等到想起來的時候，又會因為沒有期限的壓力而心安理得的推延到明天，如此下去，最後的結果只能悔嘆一聲，可惜浪費的時間再也追不回。

我們設定的最終期限可以是隨機的，中間還可以按照自己的進度來分段設置。例如，對一項長期作業按照性質來分：從零到有的突破、更進一步的加強、突飛猛進階段、最終期限前完成。降低長期作業的難度，使它簡單化，讓自己清晰的看到每一個進步，隨時保持興奮狀態，增加自己對作業的注意力與信心，讓以後的路更好走。

人一旦進入狀態，速度會隨之提高，還可以根據實際情況，提前最終期限，如果中間遇到困難，認真努力以後仍然無法按時完成，千萬不要心灰意冷，適度的放鬆時間，堅持自己的信念走下去。

一開始就為自己的長期作業設定最終期限，可以更集中我們的精力，更有效的完成任務，計畫自己的長期作業的時候，不要忘記給它加一個期限。

提前一天安排自己

曾經見過一篇報導，巴黎一家現代雜誌曾經刊登一個有趣的問答題目：如果有一天，羅浮宮突然發生大火，情況十分的危急，如果只有搶救一幅作品的時間，你會選擇哪一幅畫？

在成千上萬的讀者來信中，答案各不相同，大家都在衡量哪一幅畫最有價值，其中有一位年輕畫家的答案被認為是最好的——選擇離門最近的那一幅畫。要知道，羅浮宮內的收藏品，每一件都是價值連城。

看到這裡，人們心中的感受也許有千萬種，可能有些人正在思考離自己最近的東西是什麼？

有沒有想過，離所有人最近的東西又是什麼呢！

時間就是生命，每一分鐘、每一秒鐘都是極其珍貴的，浪費了就永遠失去了，離我們最近、最寶貴的就是現在，也可以說是今天。

我們為自己制定一個又一個的目標，把時間安排得滿滿的，重要的是要依此執行，關鍵是現在就行動。怎樣才可以不浪費時間，讓自己充滿朝氣，從容不迫的使用今天的每一分鐘、每一小時呢？這需要我們提前一天安排自己，不要讓時間推著我們的腳步前行。

不想讓時間安排自己，就要自己安排時間。我們可以根據自己的長期目標及近期目標，看看自己最迫切需要做什麼，根據實際情況，相應的做出變化，提前一天做好安排，讓自己每一天都有細小的進步。

如果我們每天臨睡以前，對當天的表現做一個小小的總結，找出不足之處與值得繼續使用的方法。然後根據自己的進度，安排好明天的活動，並且找出幾件重要的事情，事先安排，相信可以更好的督促我們，使明天的學習與生活更輕鬆有序，我們還可以簡略的把明天急辦的事情記錄下來，做到萬無一失。

不管用什麼方法，提前一天安排自己，合理從容的按照計畫做事，做時間的主人，就可以充實的過好每一天。

隨時修改自己的學習進度表

學生以學業為主，大學生也不例外，大學的教育更注重個人能力的培養，大學生的學習更自主、自由。

雖然我們為了學習而制定詳細的計畫，也不可能完全的按部就班，隨時修改自己的學習進度表，可以更有效的指導我們的學習。

這是一個現代版的《刻舟求劍》，很有意思：有兩個人同舟而遊，他們正在高談闊論的時候，不約而同的掉了一件東西到水裡，沒有任何猶豫，二人先後跳入水中，向水流的方向追去，可惜誰也沒有撈到自己的東西，為什麼？雖然他們都明白水是流動的，東西也跟著流動，可惜一個跑得太快，一個跑得太慢，並沒有跟上物品在水裡流動的速度，也不知道東西是在何處沉入水底。

不符合事實的努力，往往也會無功而返，這個故事告訴我們，不僅要知道事物在變化，還要跟上變化。我們最初制定的合理學習計畫，隨著時間的推移、條件的變化，也許現在就不合理了。

計畫的關鍵是執行，我們要嚴格的按照計畫學習，重點是堅持不懈的學習，可是如果一成不變的按照最初的計畫表行事，很有可能走入一個死胡同。

用功的程度，學習的能力，以及知識的難易程度，甚至個人的心情，都有可能影響學習進度，及時適當的改變學習進度，有助學習的進步。

有可能我們剛開始的學習與計畫同步而行，可是中途遇到一個難關，使計畫停滯不前，如果不懂得變通，只是一味的緊跟計畫，一旦心浮氣燥，不但進度趕不上，就連信心也會倍受打擊，這就需要我們適當的放寬期限，靜下心來，放慢腳步，解除自身給的壓力，先闖過難關，再追上計畫。

如果我們可以很快的進入學習狀態，超前自己的學習計畫，這是值得慶賀的一件事，大可不必放慢腳步按章而行，可以為了學習進度表而提高速度，配合自己快速的腳步，學習就是需要一股衝勁。

隨時修改自己的學習進度表，堅持學習，沒有跨不過的障礙，讓進度與速度結合，一定可以更快的達到目標。

勞逸結合，不要以為自己是超人

我們堅決反對整天玩樂不讀書的學生，也堅決反對只知道讀書不懂休息的學生。

字典上對「疲勞」一詞是這樣解釋的：由於運動過度或刺激過強，細胞、組織或器官的機能或反應能力減弱，導致效率下降的一種身心狀態。醫學書上說，人如果在疲勞的狀態下，堅持學習與工作，經常會出現頸、臂、背、肩與手指的酸痛，關節僵硬，注意力不集中，記憶力和思考效率下降，大腦反應遲鈍。

看了這段話，每個人心中都會有一個答案：勞逸結合。我們不是超人，也不要以為自己是超人，適當的休息是為了更好的工作，懂得一張一弛、勞逸結合的人，才可以全心的投入學習或是工作中。

莉莉與莎莎二人是最要好的朋友，也都為身上的贅肉而煩惱。有一天，莉莉在雜誌上看到一篇報導：有一個「怪人」，為了挑戰人的極限，堅持三天三夜不睡不吃，整天不停的運動，只是用少量的水與瓜果補充熱量，足足瘦了十五公斤。

看到這篇報導，莉莉興奮萬分，與莎莎的想法不謀而合，二人也決定進行三天的魔鬼訓練。白天二人瘋狂逛街，僅吃了幾個蘋果，晚上又一起跳繩、跑步，總算熬到了天亮，又累、又餓、又睏的莉莉與莎莎，實在忍不住飢餓，就跑去餐廳大吃一頓，然後回家睡了一整天。後來，莉莉看完那篇報導才知道，「怪人」最後進了醫院，療養了三個月才恢復過來。看著又上升的體重，二人哭笑不得。

雖然這只是一個小笑話，可是生活中如此行事的人還真不少。大學裡，許多人為了早日達到目標，日以繼夜的學習，往往適得其反，並且打久了疲勞戰，人處在低迷狀態，困難也會相對的增大。只有懂得勞逸結合，才可以更輕鬆的戰勝困難。

勞逸結合最重要的是要有足夠的睡眠，只有這樣才可以保持充沛的精力，長期靠咖啡、提神飲料支撐，後果會不堪設想。平時可以適當的參加一些娛樂活動，做一些自己感興趣的事情，以消除長時間學習帶來的疲勞，讓自己隨時保持開心、興奮的狀態，對往後的學習和工作會更有利。

記住：勞逸結合，把握其中分寸，不要以為自己是超人。

不要妄想一切都準備好才開始行動

俗話說：「砍柴不怕磨刀功。」意思是說，做好充份的準備可以事半功倍，可是有時候磨刀功太長，也有誤事的可能。

故事的主角是二個砍柴的兄弟，父親給他們一人一把生鏽的柴刀。大哥接過柴刀就上山砍柴，弟弟卻跑到鄰居家借了磨刀石，開始磨刀，由於柴刀實在太鈍，弟弟磨了好久才把刀磨好。在一旁急著等柴做飯的母親，看到小兒子過了半天還在家裡磨刀，不由得怒火中燒，把小兒子罵得狗血淋頭。

這時，只見大兒子手上並無半根柴火，笑容滿面的回家了。原來他在砍柴的路上撿到一碇金子，回來順便買了一些吃的東西，全家人聽了都喜笑顏開。

看來，「磨刀」也有誤事的可能。事先做準備的人，比不做準備的人更可以抓住機會，可是如果一味的準備，準備，再準備，也會痛失機會。如果比爾・蓋茲中途不退學，仍然堅持和科萊特一起在校讀書，也許微軟公司會晚出生好幾年，甚至不會出現。如果因為磨刀功而錯失機會，就太可惜了。

有些人「磨刀」只是為了拖延砍柴的工作，不敢面對困難，也許那把刀已經磨得鋒利無比，可惜要砍的「樹木」早已經不在原來的位置，白白浪費不少時間。有時候，應該出手的時候就要出手，不一定磨刀時間越長，就可以砍更多的柴。

「工欲善其事，必先利其器」，這句話說得一點也沒錯，我們可以一邊「磨刀」，一邊砍柴，不要讓大好機會從自己手中溜走，也不要把大部份時間都花在準備工作之上。萬物瞬息變化，也許我們辛苦的準備，到時候卻派不上用場，都做了無用之功，還不如不磨刀。更不能在困難面前退卻，縱使做再多的準備工作也是枉然。

不要妄想一切都準備好才開始行動，準備要充足，行動也要快速。更不可以只準備，卻不行動。

週末就是用來休息的

勞逸結合可以讓人更輕鬆的學習與工作，如果我們繃緊神經，刻苦努力的學習五天，週末可以盡情玩耍，好好的休息一下，解除一個星期的緊張與疲勞。

有些人喜歡週末蜷縮在被子裡度過，以補充平時的睡眠不足，或是在床上聽歌、看小說，真的很享受。

不過這多少有一點浪費的感覺，偶爾為之恰到好處。人是群體性的動物，我們需要交流，需要溝通，需要朋友。大家可以利用週末和朋友聚在一起，交流感情，培養興趣。

可以約幾個好朋友，一起喝茶、聊天，也可以約一大群朋友去公園、郊外走走，呼吸新鮮空氣，還可以約同學、朋友在體育館內盡情的揮灑汗水，讓活力充滿全身，也不要忘記打電話給家人報平安。

阿志是一個有志青年，剛進大學就鋒芒畢露，為了做得更好，他在週末也是忙個不停，很少有機會和同學、教授談心，也從來沒有時間去學校靜心的欣賞花開花落，更沒有時間談情說愛。現在阿志已經擁有自己的公司，做出很好的成績。可是，他經常後悔自己的大學生活過於忙碌，以至失去許多大學生原本應該擁有的珍貴經歷。

的確，腳步太過匆忙，總會錯過許多沿路風景。只是大學生盡量不要在週日晚上參加聚會，這樣定會影響你週一的作息，週末的休息是為了更好的投入課業中，一切的狂歡要結束在週日的下午。

不要忘記提前一天安排自己，我們可以週日晚上對這一週的學習進度與工作做一個總結，為下一週的學習與工作制定一個小目標和週一的安排。當然，週末的主題就是「輕鬆與開心」，週日晚上輕鬆的做完小結，早早的上床睡覺，把鬆懈的心情收回來，為明天準備充足動力，迎接嶄新的一週，更全心的投入下一輪的學習。

記住，週末就是用來休息，讓它來調劑我們的生活。

第三章：上課是一門學問

上課是我們接收知識的重要途徑，上課的品質直接影響到成績的好壞和我們的專業能力，甚至直接關係到畢業證書的拿取，對待上課不可以有半點馬虎，找到上課的竅門會對我們大有幫助。上課本身也是一門學問，而且學問還不小。

古時候有一個惡婆婆，她經常無故刁難自己的兒媳婦，例如：三更半夜叫醒兒媳婦，並且遞給她一個籃子，讓她把裡面的豆子撿出來，不然不許睡覺。籃子裡裝的是黃豆，裡面還摻雜許多沙子，如果一顆顆的撿出來，不要說今晚不能睡覺，只怕明晚還得撿豆子，可是不到半小時，兒媳婦就安心的上床睡覺。

原來，兒媳婦把豆子與沙子放在鍋裡一起炒熟，然後放入水裡，熟的豆子全部浮在水面，沙子全部沉了下去，還把豆子洗得乾乾淨淨。

找到竅門，自然簡單，上課同樣如此。

只要我們可以找到某件事的竅門，就可以把困難的事情容易化，複雜的問題簡單化，讓成效更快、更明顯。只從學習上說，努力固然重要，如果努力加上訣竅，一定可以讓我們學習得更輕鬆、更有效，少走不少彎路，上課就是學習當中最重要的環節。

不要擔心，教授絕不會讓我們把沙子中的黃豆撿出來，更不會逼我們幾天幾夜不睡覺。

不過，上課既然是一門學問，就會給我們出難題。找到竅門，可以讓我們喜歡上課，輕鬆掌握教授所教的知識要點，讓記憶更牢固，學習就會事半功倍，如果找不到上課的竅門，只知道硬來，只會讓我們心煩，無法及時消化當天所學的知識，久而久之還會害怕上課，不管多刻苦，只怕也沒有什麼成效。除了努力、堅持、自信以外，掌握上課這門學問也是至關重要。

上課這門學問，它包含三大要點，一：如何上課，二：如何選課，三：如何考試。

尋找它們的小竅門，需要我們在實踐中慢慢摸索，找對方法，找到捷徑，掌握其中要點，靈活運用，就可以讓我們的學習更有自信，興趣更濃厚，輕鬆的取得優異成績。

向學長請教選課經驗

大學以前，學生都在學校的規定指導下，按照課表上課，可是上大學以後，情況就完全變了，不但要自主學習，還要自己選課。

入學不久，我們就會接到一份資料：學生選課須知，也就是必修課與選修課的選擇與確認。雖然上面把選課的原則、細節、條款說得清清楚楚，可是真的操作起來並不輕鬆。

大學裡實行的是學分制度，必修課是每個學生都必須學習的基礎知識，而選修課是可以全校選修，除了特殊規定不能選擇的課以外，我們可以選擇任何自己喜歡的課程，甚至包括其他科系的專業課程。在大學，我們有很大的自由去決定自己上課行程和內容，如何有效的選課、合理的安排，需要我們仔細的考量。

選課的時候，我們可以參照本科系的教學計畫和教授的指導，根據自己的學習狀況和興趣選擇課程，同時不要忘記向學長請教選課經驗。

千萬不要小看學長的意見，那是經驗之談，或多或少對我們都會有所幫助。

我們自己選課，特別是在選修課的選擇上，不僅要選擇對自己專業有幫助的學科，還需要為自己爭取學分，學分的多少直接關係到我們的畢業和加選的問題。選課的時候，不但要思考所選的課程，還要考慮教學的教授。

由於教授與課程的不同，有些學科僅僅是為了學分，有些學科卻至關重要，有些教授可以讓你輕鬆過關，有些教授卻是嚴防死守。這時，學長的一些選課經驗，和長時間對教授的瞭解就可以派上用場，聽了前輩的意見，再做決定也不遲，這算敵前偵察吧！

小莉剛進大學的時候，就為此傷痛腦筋，不知道如何選課，她的學姐給了一個不錯的意見。學姐提醒小莉在選課方面應該量力而行，由於新生對大學各方面都十分陌生，學姐建議小莉第一學期的主要目標是瞭解自己的興趣和熟悉學校各方面的情況，不需要選太多課，到了第二學期以後，可以根據自己的實際情況，適量的選課。小莉聽完以後，彷彿如夢初醒，做決定也很果斷。

選課的時候，不要忘記向學長取經，對我們絕對有好處，還要注意不要讓所選的學科相互衝突，避免犯下這樣的錯誤！

選修一些不同的課

現在，大學生上課可以用「自由」兩個字來形容。不但可以選修本科系的課程，還可以選修其他科系的課程，更可以旁聽任何課程。我們有這樣好的學習環境，大可以選一些不同的課程，即可以擴大知識，又可以給腦筋轉轉彎，變換思維方式。

有一個小題目很有意思：A和B可以互相轉化，B在沸水中變成C，C在空氣中氧化成D，D有臭雞蛋味？A，B，C，D各是什麼？

不少學者、專家冥思苦想，經過一次又一次的演算證明，仍是不得其解，答案揭曉以後，眾人才恍然大悟。原來是四種十分尋常的東西，A：雞，B：雞蛋，C：熟雞蛋，D：臭雞蛋。

如果轉換一下思維方式，相信有不少人可以馬上得出答案。大學四年，我們除了學好專業知識以外，經常選修一些不同的課程，也可以讓自己耳目一新。

哲學是一門教會我們思考的學問，它的主要內容不在艱深難懂的哲學思想和哲學門派，而是在這些思想背後隱藏的對世界的追問和探索方法。選修幾門基礎的哲學課程，你會發現，原來在我們日常的生活以外，有一群人正在隨時關注我們的心靈。

天文學的研究就更廣闊了，遼闊的宇宙、遙遠的未來，每一顆恆星都是一個不同的世界，每一片星雲都包含一個不同的燦爛星空。聽一聽天文學的課程，它可能沒有你想像的那麼浪漫，但是絕對比你想像的有趣和豐富。

選修一些和我們的專業毫不相關的課程，例如：哲學、天文學、文學，或是冷門的課程，可以給我們不一樣的新鮮感覺。這些課程，不但可以擴大我們的認知範圍，更可以活躍我們的思維，轉換思考方式，讓我們跳脫日常知識結構所帶來的盲目和偏見，帶給我們不一樣的驚喜與驚奇。

聆聽客座、講座

大學是學術交流的聖地，每所大學隔一段時間就會舉行一次客座或講座，主講人大多都是一些優秀人士，有作家、學者、企業家、政界要人……他們走在社會的最前端，得到眾人的認可，這些人為了踏上這條成功之路，付出比平常人更多的努力與艱辛，經過許多的磨難，才有今天的成就，對人生自有一番見解，對成功與失敗也有一套理論與心得。我們時常聆聽客座、講座，一定會受到不少啟發與激勵。

也許有些講座枯燥無味，但是大多數的講座卻是激勵人心、理念超前，對我們現在的學習與往後的工作都大有幫助。

小時候，我們都喜歡看卡通《大力水手》，奧莉薇是一個長得像豆芽菜的女孩，與水手卜派二情相悅，卻總是被大胖子從中作梗，由於大胖子的體型肥大，經常把瘦小的卜派打得落花流水。就在這時候，卜派就會拿出一罐菠菜吞下去，好像吃了興奮劑一樣，頓時力大無窮，總是可以力挽狂瀾，反敗為勝。

菠菜就是卜派的興奮劑，是強心針。時常聆聽客座、講座，也可以達到強心針的效果。

我們身心疲憊，在困難面前心生膽怯、打退堂鼓的時候，聆聽客座與講座，向這些走在世界最前面的人學習和交流，可以從中獲得動力，激發心中鬥志，還可以儘早的得知外面世界的趨勢，儘早的給自己定位，確定目標。

我們可以盡量聆聽客座與講座，也可以根據自己的喜好，有選擇的聆聽，最好一個月不少於三次，當作是為自己中途充電。

喜歡哲學的人，可以在大師的指導下，共同探討人生、暢想人生。喜歡文學的人，可以在騷客文人的薰陶下，冥想於世界五千年。如果對政治感興趣，聆聽一場政治候選人的演講，一定可以對現今時勢瞭解不少，最好聆聽堅苦創業的成功人士的演講，你會發現一切皆有可能，一切都要靠自己努力創造……

聆聽客座、講座，不但可以增長見識，最主要的是給自己注入活力、激發鬥志，每個月打幾次「強心針」，可以讓我們精神百倍、百屈不撓，笑著面對每一個困難。

聆聽客座、講座吧！它如一盞明燈一樣，堅定我們的信念。

坐在教室的第一排

不少人上課，喜歡坐在教室的「死角」，也就是離黑板遠，不容易引起教授注意的地方，這樣做是為了避免教授找自己麻煩（例如：提問），這種做法真的很不明智。我們上大學的目的是學習，並不是享樂混日子，我們不僅不要躲避教授，最好可以「自找麻煩」，讓教授記住我們。

上課的時候，坐在教室的第一排，幫教授做課前準備，不懂的就問教授，這樣可以讓教授記住我們，並且經常向我們提問。

有一個年輕人一直懷才不遇，對社會感到非常失望，痛苦絕望之下，他來到海邊，打算就此結束自己的生命。

這時，正好有一個老人經過，問他為何做如此的舉動？年輕人抱怨沒有人欣賞並且重用自己。老人聽完以後，從腳下的沙灘撿起一粒沙子，讓年輕人看了一眼，就把沙子扔在地上，請年輕人撿起來。

年輕人覺得這個老人不可理喻，根本不可能撿起剛才的沙子，老人又從口袋裡拿出一顆珍珠扔了下去，問年輕人是否可以撿起來，這當然是一件十分容易的事。

是啊！每個人都像一粒沙子一樣平凡，而不是價值連城的珍珠，只有努力使自己成為一顆珍珠，才可以得到眾人的認可。我們都希望四年以後，能以優異的成績畢業，成為一顆閃亮的珍珠。為了更主動的學習，更容易和教授交流，上課的時候坐在第一排吧！這是引起教授注意我們的最好辦法。

在大學，每個教授的學生成千上萬，根本不可能記住每一位學生。坐在教室第一排，可以讓我們更集中精神聽課，這是學習中的重要環節，不僅如此，教授經常對我們提問的時候，可以幫助我們加深對教學內容的記憶，同時，不懂的地方可以多向教授請教。

坐在教室第一排，讓教授記住我們、關心我們，如果有什麼助教工作或是推薦機會，教授第一個想到的會是坐在第一排的學生，而不是躲在角落裡的學生，因為教授對第一排的學生印象深刻。

不知道有沒有人發現，成績好的學生都喜歡坐在第一排，因為教授注意我們的時候，我們會更努力的學習，這無形中給了我們一個督促。

如果仍然喜歡坐在教室角落的學生，試著坐在教室第一排吧！教授是我們一生都值得尊敬的人，幫助教授做好課前準備，例如：擦黑板、傳遞試卷，只是舉手之勞，讓教授記住我們、向我們提問，對我們的學習和以後的發展，都會有一定的好處，否則我們有可能會失去一個難得的機會。

不要忘記，上課坐在第一排，坐在教授容易記住我們的位置吧！

旁聽研究生的課程

許多人畢業的時候，都有過疑慮：一條就業之路，一條升學之路，要選擇哪一條，總是猶豫不決。也有許多人堅定自己的升學之路，如果是這樣，我們可以去旁聽研究生的課程，讓自己對讀研究所多一些瞭解。

雖然我們不能選修研究生的課程，但是有些課程是可以旁聽的，這也算是敵前偵察，不要小看它的作用。瞭解一件事，可以幫助我們消除不必要的畏懼，讓我們的選擇更明確。

有一條河，河邊住著二隻猴子，調皮的小猴子和媽媽。春末時分，河對岸的桃樹結滿桃子，小猴子饞得連做夢也在吃桃子。來到河邊，小猴子上竄下跳，就是不敢下水，因為牠從來沒有下過水，不知道水的深淺。

就在這個時候，猴媽媽來了，小猴子想請媽媽過河摘桃子，猴媽媽搖著頭說：「不親自試一下，怎麼知道水的深淺，怎麼吃到桃子！」

小猴子聽了媽媽的話，真的跑到水中，發現水的確很深，不過，小猴子卻發現隱藏在水下的大石頭，順利的過河，吃到新鮮的桃子。

想瞭解一件事情，需要我們親自出馬。我們最好儘早決定自己是否考研究所，如果仍然有顧慮或是下定決心要讀研究所，都可以去旁聽研究生的課程，讓自己融入其中，對此多一些瞭解。可以提早放棄，或是更堅定自己考研究所的決心，讓自己更專心的投入。

旁聽研究生的課程，可以讓我們認識不少學長、學姐，也可以和研究生、教授打好關係，看看研究生的課程到底在上什麼。如果有什麼困惑，就可以向學長們或教授請教，順便向學長們取經，如何才可以更輕鬆的考上自己理想的研究所。如果我們可以和他們打成一片，說不定還有機會參與到研究生的課程之中。

不少理科研究所的主要課程以實驗和寫論文為主，而且招生較少，會給旁聽帶來不少困難，我們可以換一種方式，雖然只能給學長幫忙，給教授打雜，也可以趁此機會瞭解不少東西。

不管是何種情況，如果我們決定自己的升學之路，去旁聽研究生的課程會受益不少的。如何去旁聽，就要靠我們自己的聰明才智，按照當時情況，見招拆招。

衣著整齊，不要遲到

不少人有過這樣的經驗：上課鈴聲已經響起，才以百米衝刺的速度跑到教室，偷偷的從後門溜進來，可惜仍然曝露在眾目睽睽之下，低著頭不敢看任何人，靠著門口找了一個位置坐下，好不容易平穩了心跳，低頭卻發現自己穿著不同顏色的襪子，或是忙中出錯，忘記整理一頭的亂髮，尷尬得不知如何是好，於是，這節課都會在心神不寧中度過，上課的效果可想而知。

為了可以靜下心上課，同時也為了避免打擾他人的學習，我們最好可以提前進教室，不要遲到，還要衣著整齊，因為這關係到個人的禮貌問題。

人大都是感性的，情緒經常受到外界因素的影響，陽光燦爛的時候，心情也開朗不少，也會因為看了一齣悲劇而鬱鬱寡歡，尤其當我們遇到挫折或是傷心事的時候，連天空都是灰色的，整天無精打采，穿著也是一塌糊塗，一副落魄模樣，看到自己蓬頭垢面，心情就更糟了。

我們需要做的是改頭換面，打扮得乾淨俐落，讓自己有自信。有時候，服裝可以改變一個人的心情。

如果我們可以衣著整齊的去上課，可以讓我們心情愉快，一旦心情愉快，就可以快速的進入學習狀態，學習就更輕鬆了，也不會給人留下邋遢懶散的印象。衣著整齊並不需要我們穿名牌球衣、球鞋，也不用把自己打扮得另類，我們只需要穿著整齊乾淨，保持輕鬆愉快的心情，如果我們的服裝引起旁人的注意，而引來一陣竊竊私語，恐怕我們自己也不能專心學習。

同時，不要忘記提前到教室，不要遲到。遲到的習慣真的很不好，雖然現在我們上課遲到錯過的只是教授的講課，如果不改掉這個壞毛病，將來錯過的也許會是一次面試機會、一個合約，甚至更嚴重。如果一開始我們是習慣的主人，時間久了，就會身不由已，變成它的奴隸。

衣著整齊，提前到教室，不遲到，可以讓我們更早的進入學習狀態，提高上課的效率，不浪費自己時間，也不浪費別人的時間，還可以給別人留下一個好印象，雖然這只是一個細小環節，我們也不可以忽略它。

衣著整齊，不要遲到，每一天都給自己一個好的開始，一個好的心情。

瞭解教授的考試習慣

考試成績是檢驗我們學習的一種途徑，每個人都希望自己可以考到一個好成績，這當然離不開刻苦的學習，可是往往兩個同樣努力學習的人，成績並不相同，甚至還有相當大的差距，其中當然是有原因的。

除了學習方法不同之外，我們如果可以瞭解教授的考試習慣，就可以更輕鬆的拿到高分。

看過《三國演義》的人都知道，楊修是一個有才華的人。有一次，曹操想造一座花園，在工人的日夜趕工之下，花園很快就造好了，曹操高興的前去觀看。來到園中，曹操一句話也不說，只是拿筆在門上寫了一個「活」字。眾人看了十分不解，這個時候，楊修說：「『門』內添一個『活』字，就變成『闊』字。丞相是嫌園門太寬了。」眾人聽了之後，急忙重新築牆圍，改園門。完工以後，又請曹操來參觀，曹操見到改小後的園門十分開心，驚喜的問：「這是誰知道我的心意？」眾人都說是楊修，曹操聽了，對楊修稱讚不已。

雖然最後楊修因為這份才氣，熟知曹操的心思，引來曹操的顧忌，招來殺生之禍，可是我們的教授教授絕不會是「曹操」，他們絕不會因為我們找出他們考試的習慣與規律而心存不滿。

我們考試的試卷大多是教授自己出的，如果我們可以瞭解教授的考試習慣，掌握教授經常用的出題形式與重點，就可以幫助我們輕鬆的拿到高分。這絕不是投機取巧，而是一種方法，前提是仍然需要我們努力學習。

這需要我們認真上好每一節課，記住教授重點提出的問題，從教授出的試卷中找出規律，如果只是臨時抱佛腳，就算知道教授考試的習慣，不復習重點，高分仍然與我們無緣。

我們除了找到適合自己的學習方法，努力學習，還可以找出教授的考試習慣，讓我們縮小考試範圍，輕鬆拿到高分，對於獎狀、獎學金的獲得是有幫助的，還可以加強我們的自信心。

試著瞭解教授的考試習慣吧！真的可以提高我們的考試成績。

提前兩週開始復習

孔子在《論語・為政》中說到：「溫故而知新，可以為師矣。」大多數人在考試來臨前，都會認真的復習，希望可以取得一個好成績。

每天我們都會從教授那裡學到不少的新知識，如果長久不復習，很快就會還給教授，特別在考試前夕，不少人通宵達旦的看書，只是為了加強記憶，順利通過考試，但並不是只要復習就可以取得預想的成績，這與我們時間的安排有密不可分的關係，如果可以提前兩週就開始復習，就可以取得更好的效果。

小明很自豪自己的記憶力非凡，認為打鐵要趁熱，每次離考試只有三、四天才開始復習，為了完成所有的復習課程，不得不熬夜看書，使得自己神經高度緊張，考試的時候，總是覺得題目似曾相識，甚至臨考前還復習了一次，頭腦卻像短路一樣，思緒一片混亂，總是想不起正確答案，急得直冒冷汗，考試成績當然不會理想，考試結束還得睡上十幾個小時，補回缺少的睡眠，真是吃力不討好。

千萬不要相信記性是天生的，過目不忘也是後天培養的。記性是一個十分有趣的東西，存在腦子裡的東西需要經常拿出來曬一曬，不然會隨著時間的推移而慢慢消失。如果我們只提前幾天準備考前復習，由於時間的倉促，復習並不全面，會漏看不少重點，而且記憶十分不穩定，就會發生記憶「短路」的現象，熬夜過多不但傷身勞神，還會給自己增加一對「熊貓眼」。

也沒有必要提前一、二個月就開始復習，平常我們可以養成溫故而知新的好習慣，當天的知識當天消化，只需要提前二週進行全面的復習，就不會把自己弄得疲憊不堪。

第一週，我們每天只需要花二個小時，把要考試的科目分成幾小段來復習，讓自己對科目逐漸熟悉，喚醒自己的記憶，週末可以適當的延長時間。第二週，同樣是二個小時，對科目進行全面復習，並且把重點畫出來。直到考試前三天，把復習時間加長到五個小時左右，翻閱自己畫出來的重點和以前的試題，讓自己進入備戰狀態，就可以幫我們取得一個好成績，也可以確保良好的睡眠。

記得提前二週復習，可以幫助我們考一個好成績，最好不要考試前幾天才開始努力，不但效果不好，還會傷身體。

關注成績，但是盡力就好

雖然學習成績不是我們的全部，但是人人都希望取得優秀成績，好成績是我們學習中最直接的目的，我們可以多花一點精力去關注成績，以鞭策自己，更努力的學習，不過盡力就好。

我們需要關注的是自己的成績，而不要太在意別人的分數，這樣做不僅不能促進自己的學習，還會分散我們學習的注意力。

從前，趙襄王向王子期學習駕馭的技術，過沒多久就學會王子期的所有本領，二人決定舉辦一場比賽，一決高低。在比賽中，趙襄王連換了三匹馬，卻一場也沒贏，趙襄王埋怨王子期並沒有傳授全部的本領，為自己留了一手。王子期回答：「技術已經全部教給您，可是您的注意力並沒有全部放在馬上，在這次比賽中，您落在後面的時候就只想趕上我，跑在前面的時候又怕被我趕上。駕馬賽跑，不是領先就是落後，可是您無論領先還是落後，注意力都集中在我的身上，哪裡還顧得上控制馬呢？這才是您真正落後的原因啊！」

過多的關注別人，對自己並無太大的好處，甚至還會影響自己的正常發揮。我們不用過多的關注他人的學習成績，只需要關注自己的成績，和自己賽跑，盡自己最大的努力即可。

每個人的能力與特長是不同的，用不著和別人比較，這樣做只會憑添煩惱，引起心中的不平，我們只需要關注自己的成績與進步，並不需要一步登天取得非凡成績，只要每一次的考試成績都比上一次進步，盡自己最大的努力去學習。

關注自己的成績，可以讓我們發現自己的不足，激發鬥志超越自己，盡心去做就可以了。太在意自己的成績也不好，過多的追求高分，反而會為自己設置一道牆，讓自己神經緊張，無法放鬆心情去愉快的學習，這種心態很難提高學習成績。

關注成績，關注自己的成績，盡力而為，讓我們帶著愉快、奮發的心情去學習吧！

讓教授成為自己的良師益友

大學是一個臥虎藏龍的地方，有學識淵博的學者，有遠近聞名的學者，博士、碩士更是數不勝數。在大學，與他們近距離的接觸以後，每個人都有自己心中仰慕的教授。

如果我們可以和心中仰慕的教授成為良師益友，一定會受益匪淺，學到不少東西。教授首先是我們的老師，與他們保持密切關係，可以幫我們解決深奧的學術問題，挑戰更高的學業目標，還可以為我們提供更多的機會。

例如：可以為我們提供推薦信，或是非正式的介紹信，幫助我們爭取進修、工作的機會，或是難得的實習機會……作為朋友，一個富有學識的長者，教授可以為我們提供有建設性的建議，分享他們的寶貴經驗，為我們的人生道路點一盞光明的燈。

許多人不喜歡與年長的人來往，認為和他們有代溝，和博學的教授成為朋友，更是難上加難。其實，我們不必擔心這些，大學裡的教授大多十分願意與學生進行交流，這是他們獲得教學品質與意見的主要途徑。接觸以後，我們會發現他們一樣是平常人，有平常人的嗜好，也喜歡看電影，也喜歡運動，甚至還喜歡沏上一壺好茶，倒上一杯小酒，與朋友一起天南地北的聊天。

教授也是平常人，千萬不要以為與教授交朋友是一件獻媚的事情，也不需要我們隨便拍馬屁。我們可以在課餘時間或是教授辦公期間，多與教授接觸，討論專業問題，給教授留下好印象，讓他慢慢接受我們、喜歡我們，話題也可以慢慢轉變，不再局限於學術問題，讓二人的談話變得無拘無束，最終成為好朋友。

教授不僅是我們的教授，是年長的學者，同樣也是一個普通人，我們需要交這樣的朋友，他們也喜歡交我們這樣的朋友。放輕鬆，用心經營這段難得的友情，就會與自己仰慕的教授成為忘年之交。

印度著名的哲學家瓦魯瓦爾曾經說：「**對人最有助者莫過於良師益友，世間最有害者莫過於狐群狗黨。**」

試著與自己仰慕的教授交朋友吧！不要忘記四年之後，仍然要與這位良師益友保持聯繫，做永遠的朋友。

第四章：學習有一萬種方法

在大學，我們需要培養個人的自學能力，死記硬背、埋頭苦幹只會加重自己的負擔，跟不上緊湊的學習進度。不只是大學，任何時期的學習除了刻苦努力，還要講究方法。掌握學習方法的意義，就在於更有效的學習。

有二隻小螞蟻想爬過一道高牆，尋找另一頭的食物。

一隻小螞蟻來到牆下，毫不猶豫的向上爬，累得氣喘吁吁，總是被牆上的風吹落下來，雖然牠沒有放棄，仍然一次次的摔下來。

第二隻小螞蟻，來到牆下觀察一番，決定繞著牆走，很快的，這隻小螞蟻就找到食物，開始享受起來。

很多時候，方法比努力更重要，方法並不是只有一種，有很多種，不同的人要用不同的方法。

也許第三隻小螞蟻可以在牆下找到一條縫，從牆縫裡鑽過去，更有可能第四隻螞蟻是飛蟻，輕輕鬆鬆的飛過去。

學習的方法同樣也有許多種，例如記英語單字的方法也是各不相同，有些人喜歡大聲讀出來，有些人喜歡默記，有些人喜歡邊看邊寫，不管方式如何，可以幫助我們記住單字、記牢單字就是好辦法。

我們可以根據自己的喜好，透過實踐，從千萬種方法中，找出適合自己的學習方法，同時不要忘記參考、比較別人的學習方法。

達爾文曾經說：「最有價值的知識，是關於方法的知識。」

學習的方法何止一萬種呢？找到適合自己的學習方法，可以讓我們的學習進步的更快、更好，從實踐中尋找最適合我們的學習方法吧！一定可以幫我們達到自己的學習目標。

找到適合自己的學習方法

學習有一萬種方法，每個人有每個人的喜好，有一句話說得好：「適合自己的，才是最好的。」什麼才是「適合」，這兩個字說起來簡單，但是真正找到適合自己事物的人，卻並不多。

從前，籠子裡有一隻獅子，非常羨慕生活在森林裡的獅子，嚮往那種自由自在的生活。森林裡也有一隻獅子，非常羨慕籠子裡的安逸生活，不用為三餐勞累奔波。

有一天，這二隻獅子見面了，其中一隻獅子對另一隻獅子說：「老兄，我們倆換一換生活環境好嗎？」另一隻獅子聽了，欣然同意。於是，籠子裡的獅子來到大森林，開始自由的生活，森林裡的獅子則每天躺在籠子裡睡大覺，悠閒得很。這二隻獅子都開心極了，對新的生活倍感新鮮。從籠子裡走出來的獅子，每天在森林裡拚命的奔跑；走進籠子的獅子，再也不用為食物而煩惱。但是不久，兩隻獅子都死了……

這兩隻獅子之所以會死，是因為牠們不知道何種生活才適合牠們。我們在眾多的學習方法中，如果找不到適合自己的方法，也會使學習陷入死胡同。

每個人都有自己的特點，有自己的做事方法，如何找到適合自己的學習方法，需要根據自己的實際情況，從實踐中尋找方法。就像鞋子適不適合，只有穿在腳上走幾步才會知道。

首先我們應該瞭解自己，明白自己的學習能力，我們可以總結以前成功的學習方法，檢驗它是否依然有效，然後根據現在所學的科目，結合自己的實際學習情況，尋找適合自己的學習方法，我們還可以向一些成績優秀的同學請教，也許其中就有適合我們的學習方法。

這是一個循序漸進的過程，不可能一、二天就找出結果，這需要我們自己慢慢摸索，不斷完善、不斷改進，就可以找出適合自己的學習方法。

找到適合自己的學習方法，可以讓我們的學習進步的更快、更好，從實踐中尋找最適合我們的學習方法吧！一定可以幫我們達到自己的學習目標。

不要躺在床上看書

床，是讓人躺在上面睡覺的東西，看到「床」這個字，就會讓我們有想睡覺的衝動，上床的目的就是睡覺，千萬不要躺在床上看書，這樣做只是浪費自己寶貴的看書時間。

期末考就要到了，小珠卻一點也不著急，經常穿著睡衣，拿著書在床上看，可是每次不到十分鐘，就會聽到她那細微的鼾聲。同寢室的人實在為她擔心，忍不住就把她叫起來：「小珠，就要考試了，你知道躺在床上看書容易睡著嗎？」

只見小珠一本正經的回答：「當然知道，躺在床上看書可以治療我的失眠！」

雖然這是一個小笑話，不過真的有不少人喜歡躺在床上看書，這樣做真的不可取。

古時候，有人為了防止自己打瞌睡，多一點時間看書，就把辮子吊在房子的樑柱上，用錐狠狠的刺自己的大腿，才有《懸樑刺股》的典故，我們大可不必如此殘忍的對待自己，但是也不要穿著寬鬆的睡衣，枕著鬆軟的枕頭，蓋著暖和的被子，躺在床上看書，這樣做的結果，就是在看書的時間與周公相會，聽不到讀書聲，卻是鼾聲陣陣。

我們不用考驗自己的意志，認為自己可以戰勝睡眠，舒服的躺在床上看書。躺在床上會使人進入鬆懈狀態，就算我們可以躺在床上不睡覺，也無法集中精神進入學習狀態，看書的效果當然不會太好。

如果到了睡覺時間，我們就不必再強迫自己看書，只需要好好的睡一覺，養足精神，迎接第二天的挑戰。到了看書的時間，就要打起精神，穿戴整齊，端坐在書桌前，讓自己保持完全的清醒，進入學習態度，會比躺在床上看書的效果好千百倍。

不要認為自己既可以舒服的躺在床上，又可以有效率的學習，睡覺的時間不要看書，看書的時間不要躺在床上，如果你想用看書治療自己的失眠，倒不失為一個好方法。

不要和同學聚在一起復習功課

在學校，不管是國小，國中，還是大學，許多人復習功課都喜歡約幾個同學朋友一起看書，認為這樣做有助於功課的復習。

幾個人一起復習功課，可以相互監督，相互討論，還可以共同使用參考資料，真是好處多多，可是實際上並沒有這麼容易，幾個人聚在一起復習功課，更容易分散注意力，往往是一起浪費時間。復習功課本來就要靠自身的自制力，有時候團隊合作反而誤事，並不是所有事情都是人多力量大。

在大學，我們強調的是自主學習，多加強這方面的能力，對我們現在的課業與往後的工作都有好處。如果沒有特殊情況，最好不要和同學聚在一起復習功課。

某天下午自習課，小強與寢室幾位好友相約一起復習功課，計畫要看完三章線性代數，不然絕不休息。直到太陽西沉，小強才和幾位好友們一起回來，大家都問小強這一天下午的成果如何，復習了幾章？

只見小強二手一攤，苦笑一聲：「吃了一個大西瓜！」。原來現在正是炎炎夏日，天氣十分的悶熱，幾個人聚在一起不到半個小時，也不知道是誰提議，四、五個人竟然一起出去，抱著一個大西瓜回來，坐在校園涼亭之中，一邊吃西瓜一邊聊天，下午的時間就這樣消磨光了。

幾個人聚在一起復習功課，並沒有想像中的那麼好，心中的惰性更難控制了，其中一人有所鬆懈的時候，其他人也會跟著不堅定，幾個人一起偷懶，使大家更心安理得，如果自己一個人復習功課，自己想偷懶的時候，由於心理作用，為了不落在他人的後面，就會更認真。

當然，我們也不需要當一個獨行俠，可以邀請一些同學一起去圖書館或是教室看書，分散坐開，我們遇到難題的時候，就可以主動的向別人請教或是討論，這樣不僅可以利用大家的力量，也沒有影響自己和別人的復習。

我們可以和同學一起復習功課，但是不要聚在一起聊天，為了培養自己的獨力思考能力與自主學習能力，盡量的單獨解決問題，沒有人可以永遠幫助我們復習功課。

集中自己的注意力，加強我們的獨力思考能力，盡量不要和同學聚在一起聊天！

找到自己最喜歡的學習場所

你最喜歡吃什麼？最喜歡什麼顏色？最喜歡哪本書？我們每個人都可以對答如流。不管是人、東西或是地方，只要是自己喜歡的，總是可以讓人心情愉快、精神振奮。如果我們可以在自己最喜歡的場所學習，也可以收到意想不到的效果，一定可以促進我們的學習。

大家都說小倩是一個怪人，每天不用別人吩咐，她都會自動的把洗手間打掃得乾乾淨淨，裡面還放了不少小盆栽，不知道的人還以為那是花房。

不久，小倩就在學校附近租了房子單獨出來住，因為寢室同學經常抱怨她佔著洗手間半天不出來。原來小倩從小就喜歡在馬桶上看書，從此養成了習慣，洗手間變成小倩最喜歡的看書場所，只有坐在那裡小倩的思緒才可以集中，真是世上少有。

喜歡在洗手間看書的人，世上也沒有幾個，我們也用不著去那種地方看書，只要找到自己最喜歡的學習場所，同樣可以取得好的成效。

因為是自己喜歡的場所，所以學習起來特別開心，因為是自己喜歡的場所，所以學習起來也十分賣力，在心情愉快、精力旺盛的狀態下學習，有助於我們儘早達到學習目標。

這個自己最喜歡的學習場所，當然是在學校或是學校附近，不然無法給我們的學習帶來便利，什麼地方才是我們最喜歡的學習場所，就要靠感覺，靠個人喜好，可能在教室，在圖書館，在操場，在校園涼亭……不管在哪裡，只要自己最喜歡就可以。

找到自己最喜歡的學習場所，經常去那裡學習吧！這種感覺一定很棒。

當天的作業，當天完成

從前有兩個國王，他們的國家之間發生了戰爭，打得十分激烈，兩人在智慧、武功、國家實力，都旗鼓相當，誰也不比誰強，誰也不比誰弱，所以勝負難分。戰爭始終無法結束，於是雙方都想用毒藥毒死對方。

一位國王謀劃在敵方國王的飯裡下毒藥毒死對方，沒想到這件事被敵方派來的間諜察知了，間諜立即寫信向自己的國王報告此事，並且囑託國王：「您要警惕，明天千萬不要吃飯，飯裡有毒！」這封信很快就送到國王手裡，可是這位國王還是被毒死了。

因為這位國王總是習慣把工作推到明天去做，他對大臣說：「先把信收起來，明天再拆開讀給我聽！」結果他吃了飯，他聽到大臣讀到那封信的時候，早已毒性攻心，不久就中毒身亡。

今天有今天的事情，明天有明天的事情，今天的事情留到明天去做，必定會加重明天的任務，長久下去，事情就會堆積如山，不僅耽誤事，還會使得自己手忙腳亂，往往一事無成。今天的事情今天完成，當天的作業也要當天完成。

當天的作業當天完成，可以讓我們及時知道自己不懂的地方，也可以及時的鞏固當天學的知識。新知識、新作業每天都會增加，只有當天的作業當天完成，才可以順利的施行自己的學習計畫，讓自己的課業與生活有條理，永遠保持優異成績。

上了一天課，教授規定的作業加起來並不是很多，按照自己的學習計畫，花二個小時左右就足以完成當天的作業，如果實在無法完成，也絕不能拖到週末，那樣我們就更沒有心情與耐心去完成此作業，等到要交作業的那一天，才不得不快馬加鞭，在這種時間緊迫的情況下，完成的作業品質一般都不高。如果缺交作業更會引起教授的不滿，教授對我們的評價也不會高到哪裡。

千萬不要養成拖拉的習慣，也不要習慣凡事等到明天再做，那只是懶惰的藉口，今天的事今天完成，當天的作業也要當天完成。

和比自己厲害的人練習外語

隨著社會的發展，外語在我們的生活和工作中佔的位置越來越重要，從國小開始，我們就開始外語的學習，在大學以前的外語學習主要是指英語的學習，進入大學以後不僅僅只是學習英語那麼簡單，還可以學習法語、日語、德語、拉丁語甚至是阿拉伯語，只要我們想學，任何國家的語言都可以學。

我們學習外語的目的只有一個，就是交流。但是許多人為了學校的考試和檢定證書，變成可以看、可以寫，但是無法開口的「啞巴」，完全喪失學習語言的本意。

語言的意義就在於交流，不管我們拿到何種證書，不會「說」那門語言就等於白學。我們現在學習外語，不僅僅只是為了考試，還應該「能說會道」，即可以用這種語言和別人正常的交流。

想要「能說會道」，就需要在口語練習上多花一點時間，和比自己厲害的人練習外語，可以加強我們「說」的能力。

凱莉進入大學的時候，英語分數並不低，可是每次上英語課，輪到凱莉朗讀的時候，英語教授就一直搖頭，並且經常可以聽到同學們在偷偷的笑，原來凱莉的發音不僅外國人聽不懂，只怕連凱莉自己也聽不懂，口語發音完全錯了，而且錯得很離譜。

原來，凱莉初中時候的英語老師並不是科班出身，而是自己自學而成，雖然語法與語句都可以教得頭頭是道，可是在發音上卻差遠了，所以，凱莉受那個英語老師的影響不小。

我們練習外語和小孩子剛開始學說話一樣，無形中就會模仿對方的發音與語調，如果和自己水準相當或是更差的人一起練習會話，只會相互影響，不要說進步，只怕會誤入歧途，並且發音不準確對單字的記憶十分不利，只有和比自己厲害的人練習外語，才會有所提升。

由於對方的程度比我們高，才有可能發現我們單字發音和句子語調的錯誤，才可以及時糾正我們的錯誤。提高會話程度，關鍵就是大膽的說出來，不要怕出醜，每個人都是從這一步走過來的，沒有人會笑我們那種奇怪的發音，學外語需要語言環境，盡量的多聽、多讀、多說，不放過任何與專業人士、留學生交談的機會，平時多與同學進行對話練習（當然是指比自己厲害的同學），每天都留出一些時間進行外語學習，不用太長的時間，貴在堅持，總有一天，我們就可以說一口流利的外語。

和圖書館管理員成為朋友

在學校，我們接觸得最多的就是書，圖書館就是學校藏書的地方，在那裡我們可以借到任何類型的書：散文、詩歌、名著、參考書、工具書……簡直就是一座書的海洋，圖書館藏書的多少也成為大學實力的象徵。

那裡不僅是我們借書的地方，還是我們靜修的好場所，圖書館成為校園生活不可分割的一部份。在學校，我們時時刻刻都離不開書，雖然用不著嫁給或是娶圖書管理員，和他們成為好朋友也很不錯。

除了教科書之外，我們還需要大量閱讀其他書籍，做到真正的博覽群書，這就需要我們成為圖書館的常客。圖書館的讀書氣氛十分濃厚，環境也十分安靜，看到身邊都是埋頭看書的同學，一定可以幫我們靜下心來看書，這種感覺真的很好。

千萬不要小看圖書館管理員，如果可以與圖書館的管理員成為朋友，好處真的不少。在圖書方面，我們不得不尊稱他們一聲「教授」，由於他們的工作就是與書打交道，他們算是最瞭解圖書的人，和他們成為朋友。不僅可以在借書的時候得到更多方便，而且可以第一時間瞭解學校圖書館的新書資訊，最重要的是，他們可以為我們介紹很多隱藏在書海中的好書。

圖書館的書實在太多了，有了這樣一個熟悉書的朋友，會給我們帶來很多意想不到的收穫。不過，交朋友的目的並不是為了利用，而是應該相互幫助，只有用心才可以交到朋友，我們不要因為管理員可以為我們帶來便利才與他們成為朋友。

我們可以在借書的時候，或是在圖書館自習結束之後，與管理員隨意的聊天，可以談談天氣，還可以討論兩人都喜歡的書，或是討論人生，不要小看圖書管理員，說不定可以讓我們找到「臥虎藏龍」之地，也許他的觀點會讓我們耳目一新。只要找到共同話題，彼此熟悉之後，不久就可以和管理員成為好朋友。

和圖書館管理員成為朋友，讓自己多一個不同的朋友吧！

記住考試前教授的每一句話

瞭解教授的考試習慣，可以幫我們輕鬆取得高分，可是記住考前兩節課教授的每一句話同樣重要，因為每一個教授都喜歡在考前最後兩節課點出考試重點，這一點是不用懷疑的。

大一剛開學，大家就聽聞系裡李教授的綽號叫「冷面殺手」，都以為他是一個冷峻嚴肅的教授，卻不知道他在課堂上妙語連珠，十分的幽默風趣，直到考試以後，全班四分之三的人不及格，大家才明白這個綽號的真正意義，原來他出的考題十分的刁鑽古怪，還很偏門。

可是小慧卻總是可以倖免於難，並且考得很不錯，大家紛紛詢問小慧的致勝秘訣，原來除了平時用功以外，小慧在考前兩節課特別的用心，記住教授的每一句話，其實裡面大有玄機，只要認真的聽，再根據李教授的考試習慣，就可以猜到考試的重要環節，然後再重點突擊，只要基礎打得穩固，想得高分一點也不難。

考前的最後兩節課真的很重要，不管是不是自己的教授出題，他們都會在最後關頭幫大家分析考點，劃出大致的範圍，有名師的指點總好過我們的胡亂猜測，而且很有可能就在這二節課無意間「洩題」，許多教授存心要在這個時候考驗我們的細心與耐心，就得看我們會不會聽課，懂不懂取捨，記住考前兩節課教授說的每一句話，就是我們考試取勝的關鍵。

不過，想要考得好成績，還要靠我們平時的努力，不可能只憑這二節課的功夫就可以讓我們闖過難關，只有平時的努力學習，才可以保證我們考得好成績，記住考前兩節課教授的每一句話，可以讓我們錦上添花。

知識的提高，要靠我們平時點點滴滴的累積，如果我們可以瞭解教授的習慣，記住考前兩節課教授說的每一句話，就可以讓考試成為一件容易的事情。

猜題要靠大家的力量

許多人都喜歡猜題，不要小看它的作用，這也算得上是一門技術。如果我們可以事先猜中考題，不得高分都很難。

試想我們在拿到試卷的那一刻，放眼看去，上面的題目早在意料之中，下筆如行雲流水，以最快的速度、最標準的答案完成試卷，在別人抓耳撓腮的時候，在教授驚訝的眼光之中，獨自一人交上試卷，那種感覺真的很神氣。

猜題既然是一門技術，就要靠大家的力量，人多力量大，合作是取勝的法寶。

從前有二個饑餓的人走在荒蕪之地，其中一個人有一簍魚，另一個人有一根魚竿，可是他們卻分道揚鑣，一個往東走，一個往西走。有魚的那個人用乾柴搭起篝火煮起了魚，不久就吃光所有的魚，活活的餓死在魚簍旁邊。另一個人拿著魚竿忍著饑餓，一步步艱難的向海邊走過去，可是等他看到海的時候，早就用盡最後一點力氣，餓死在海邊。

又有二個饑餓的人，也是一個人有一簍魚，另一個人有一根魚竿，只是他們並沒有各奔東西，而是商定共同去尋找大海，每次只煮一條魚，經過遙遠的跋涉，來到了海邊，從此二人開始捕魚為生的日子，最後，各自過著幸福的生活。

相互合作真的很重要，我們猜題的時候也不必當獨行俠，和大家一起猜題的命中率絕對高過一個人猜題，並且許多人一起猜題的過程十分有趣，還可以讓自己得到放鬆。因為一個人的力量十分有限，面對汪洋題海，不可能面面俱到，對書本和對教授考試習慣的瞭解也會有偏差，大家一起合作，可以避免不少漏洞。

不要認為這麼做是投機取巧，而且是集體的投機取巧，如果沒有我們平時對課本的熟悉，對教授的瞭解，以及對考試題型的準確分析，想猜中考題真的很難，縱使讓更多的人一起猜題，也是浪費時間，我們畢竟不是教授肚子裡的蛔蟲。這樣做還可以訓練我們看問題的準確性，可以有如此的「眼力」，對我們的學業與工作可是大有幫助。

更不用擔心這樣做，會扯自己的後腿，這樣做對大家都有好處，不管是學業還是將來的工作，都需要我們的團隊合作精神，和大家一起猜題吧！很有可能為我們的考試加分。

找到可以讓自己放鬆、發洩的方法

大學以前，我們的壓力十分的單一，那就是升學所帶來的壓力，我們只需要放鬆心情，努力學習，困難就會迎刃而解，可是在大學，壓力卻複雜多了。

進入大學，我們就不再是小孩子，父母和教授不能替我們拿主意，所有的一切全得靠自己，也許這四年是我們一生中最快樂的四年，同時它也是最緊張的四年，要學習的東西實在太多，壓力也隨之而來，如果處理不好會壓得我們喘不過氣，甚至崩潰，我們需要找到使自己放鬆、發洩的方法，隨時給自己解壓。

講師在課堂上拿起一杯水，問學生：「各位認為這杯水有多重？」，大家議論紛紛，有些人說二百公克，有些人說五百公克。等大家都安靜下來，講師說：「這杯水的重量並不重要，重要的是你可以拿多久？」

拿一分鐘，你覺得沒有問題。

拿一個小時，可能會覺得手酸。

拿一天，可能就得叫救護車。

這杯水的重量是一樣的，但是如果我們拿得越久，就會覺得越沉重，就好像我們承受的壓力一樣，如果長久的不放下，到最後，我們就會覺得壓力越來越重，有可能被壓垮。

在大學，我們不得不承受一些壓力，我們要與陌生人和睦相處，我們要在眾人面前脫穎而出，我們要為了將來做好準備，我們還要追求純潔的愛情、學業、事業、親情、友情……所有的一切都會給我們帶來不少困惑，逃避永遠無法解決問題，我們需要找到可以讓自己放鬆、發洩的方法，需要時常的放下那杯「水」，給自己解壓，然後再整裝上陣，才可以更有力的拿起那杯「水」，自信的去挑戰每一天。

我們可以去遠方旅行，暫時拋開所有的煩惱，在空曠的地方，扯開喉嚨放聲大叫，發洩心中所有的不滿，還可以在運動場上盡情的揮灑汗水，然後沖個澡，舒服的睡一覺，第二天起來發現陽光仍然是那樣的燦爛，也可以借一本好書，舒服的躺在床上，戴上耳機，聽著悠揚的歌聲，看著優美的文字，在自己的理想世界翱翔，如果仍然無法釋懷，甚至可以大吃一頓，醉酒一番（不過，這是最後的絕招，不到萬不得已不要輕易嘗試）……

總之，不管什麼方法，只要可以讓我們得到放鬆，情緒得到發洩，就去做吧！時常讓緊繃的神經得到放鬆，可以給我們注入新的活力，消除沮喪，更精神百倍的戰鬥下去，我們需要壓力來激發我們的動力，也需要隨時釋放這股壓力，讓自己走得更遠。

找到可以讓自己放鬆、發洩的方法，不要永遠端著那杯「水」，給自己一個喘氣的機會吧！

第五章：課外最精彩

我們的大學生活豐富多彩，充滿激情、樂趣與自由。我們可以挑選自己喜歡的社團，盡情發揮自己的才能；可以參加各種派對、舞會；可以與同學朋友遊山玩水，在藍天白雲中放聲大笑；還可以坐在圖書館，捧著一本書，安靜的度過一天……我們可以選擇自己喜歡的生活方式安排每一天，讓大學生活精彩無限。

雖然課外生活佔去我們不少的時間與精力，只要合理的安排，可以和學業相互幫助與促進。精彩的課外生活，可以幫我們抒解學業壓力，開拓我們的視野，鍛鍊我們多方面的才能，千萬不要小看它的作用，處理好兩者關係，可以讓自己精神百倍，把成績提高到最頂端。

雖然課外生活豐富多彩，也讓我們受益匪淺，卻不能毫無限制的佔用我們的時間。如果我們整天躺在床上，一本接一本的看小說，或是沒日沒夜的參加派對，或是沉迷於網路遊戲而不能自拔，或是馬不停蹄的參加一個又一個社團，這樣的生活不叫精彩，這只是在虛度我們自己的光陰。如何使我們的課外生活精彩而充實，這就需要我們有目的的參加活動，可以為了自己的愛好，為了精神的放鬆，也為了鍛鍊我們各方面的能力與為人處事。

放開心懷，不要總是把自己埋在書堆裡，課外的精彩需要我們積極的參與，把我們的生活變得五顏六色，讓自己經常放聲大笑，這就是我們精彩的大學生活。

把生活的感動和體驗記錄下來

每個人的生活都離不開悲歡離合、喜怒哀樂，其中有沮喪，有驕傲，還有感動，經歷過許多的事情，我們哭過、笑過、鬧過、瘋過，但是總有一天會忘記，如果可以把生活中的感動和體驗記錄下來，會讓這些美好的回憶更長久。

曾經看過一篇文章：洛杉磯的一家旅館裡有三個黑人孩子，埋頭寫著什麼東西，走近一看，原來他們在寫感恩信，這是他們每天必做的功課。老大在紙上寫了八、九行字，妹妹寫了五、六行，小弟弟只寫了兩、三行，細看其中的內容，卻是例如「路邊的野花開得真漂亮」、「昨天吃的披薩很香」、「昨天媽媽講一個很有意思的故事給我聽」之類的簡單句子，原來他們在記錄使他們幼小心靈感到幸福的點點滴滴。

三個小孩記錄著他們生活中的小事，雖然普通卻很溫馨，隨著年紀的增長，會有更多的事情可以讓我們記錄下來。大學四年是特別的四年，我們將會遇到不少挑戰，遭遇許多的第一次，會有不少成功與喜悅、苦悶與煩惱環繞著我們。

例如：第一次打工，賺到了人生的第一份薪水，驚喜萬分；在辯論會上唇槍舌劍，機智幽默的取得勝利；在草地上狂奔，打敗強悍的對手；與情人在月光下說分手，傷痛欲絕；替人背黑鍋，有苦說不得，無可奈何……

大學的生活十分精彩，有苦有淚，更多的是青春與歡笑，除了與人分享以外，還可以獨自一人，在夜深人靜的時候，拿出藏在枕頭下的記事本，記錄四年中的一點一滴，與自己的心靈交流，感受這份平靜與安詳，或是在上面塗鴉，發洩心中的不滿與苦悶，讓自己的情緒得到釋放，讓自己慢慢平靜下來，忘掉所有的不快。

我們都長大了，成為一名大學生，會有許多的事情不願意讓別人知道，可是有時候憋在心裡十分的難受，這個時候寫下來，是最好不過的，也許在竊喜，也許想發洩，給自己的人生留下不同的回憶。如果我們現在拿出小學或是國中時代寫的作文、試卷，一定會忍不住開心一笑，許多年以後，當我們懷念四年的大學生活，拿出這本心情日記，會讓我們感慨萬千，看著自己成熟的足跡，對自己以前的幼稚與任性也會深有感觸吧！

大學是值得我們回憶、嚮往的四年，記錄我們生活中的點點滴滴，讓我們在感動中感動，在體驗中成長吧！

堅持運動

法國著名的文學家伏爾泰曾經說：「生命在於運動。」只要我們堅持運動，就可以讓生命永遠保持活力與青春。

運動的效果真的很神奇，長期進行鍛鍊，可以強身健體，改善體態，更可以調節心理狀態，陶冶美好情操，提高神經系統機能，培養頑強意志。

每當我們經過一次快速、強烈的運動，盡情的揮灑汗水，會感到全身舒暢，精神抖擻，對接下來的學習與工作更是信心十足、精力旺盛。據說每天運動一個小時，可以保持我們一整天的好精神，運動可以使我們更積極、更有自信。

所有的事情貴在堅持，運動也不例外，每天都堅持運動一定的時間絕不是一件容易的事情，如果我們可以養成運動的好習慣，一定可以從中受益不少。

運動也不可操之過急，可以按照自己的體質，做一個運動計畫，最好是在每天的同一時間進行運動，可以把時間定在早上或是下午，這樣可以避免與其他事情相互衝突，如果可以每天早起更好。剛開始的運動強度不用很大，可以慢慢的增加，循序漸進，控制在自己可以承受的範圍之內，一般而言，每天運動四十五分鐘左右就可以。

運動還有一個很誘人的作用，那就是減肥。瘦子運動可以健身，胖子運動可以瘦身，在減肥、瘦身成為流行時尚的年代，為了美麗與健康，我們不要太落伍，讓自己成為運動愛好者吧！

除了跑步、球類這些基本運動以外，我們還可以學習各種舞蹈、游泳、跳繩，為運動增加趣味性，根據自己的愛好，選擇運動項目！

只要我們堅持一個月，我們就會發現自己完全改變了，不但體型更美了，就連心情也變好了。有了強健的體魄，面對考驗與磨難，我們更有取勝的把握，身體可是革命的本錢啊！

去運動吧！讓自己有活力，並且一直堅持，讓運動成為我們一生的愛好，堅持運動，更堅持我們的信念。

積極參加班級活動

從國小、國中、高中，到大學，我們有過不少的同學，可是畢業以後，大家聯繫得最多的還是現在的大學同學。大學以前，我們還太小，不懂得友情，分開以後也就隨之失去聯繫，但是大學畢業以後，由於現實的殘酷，人人都帶著一副面具生活，不敢輕易流露真感情，一旦調換工作，就會杳無音信，變成陌生人。大學四年，是我們最渴望瞭解，最渴望友情，最熱情洋溢的年代，從四面八方相聚在一起的同學，成為我們一生中重要的人。

雖然我們平常都在一個教室裡上課，面面相對，可是心思都放在手中的書本和講台上的教授身上，同學之間的瞭解仍是很少，積極參加班級團體活動，可以為我們提供相互瞭解、促進友誼的機會，也可以提供同學之間並肩作戰的好機會。

小貞是一個大忙人，就連她的手錶也比別人的轉得更快。為了更好的成績、更好的工作，小貞每天奔走在教室、圖書館、實驗室之間，除非萬不得已，小貞從來不參加班級團體活動。她認為那是在浪費自己的寶貴時間，和一群人瘋瘋顛顛，還不如多背幾個英語單字。直到快畢業的時候，有一天，小貞走在校園中，對面走來一位男同學，熱情的和她打招呼，小貞這才發現自己竟然不太認識班上的同學。小貞這才明白每天過得太匆忙，錯過了不少沿路風景，也失去了不少東西。至今，小貞看著大學畢業照，仍然後悔不已。

參加班級團體活動，並沒有浪費我們的時間，除了學業，我們的生活還需要有更多的元素，友誼更是必需的。在大學，我們本來就生活在一個大家庭，作為團體中的一員，積極參加團體活動是應該的。積極參加團體活動，可以增進同學之間的感情，促進相互之間的瞭解，在團體生活中，我們更容易感到愉快，快樂與人分享，快樂就會增加一倍。

我們可以在辯論會上，大膽的發言，鍛鍊我們的膽量；我們可以邀請班上同學，一起出去遊山玩水，改善、提高我們的交際和管理能力的同時，一起感受團體的溫暖；我們還可以與班上所有同學站在同一陣線上，在競技中打敗別的對手，一起享受勝利的果實……這所有的一切都是令人高興、值得回憶的事情。如果我們膽小得從未在眾人面前大聲說一句話，從來沒有一張團體活動的相片，甚至從來沒有試過和所有同學一起開懷大笑，下次團體活動可不要錯過了。

積極參加班級團體活動，和大家一起歡笑吧！也讓我們的大學生活更精彩。

參加朋友的聚會

千里難尋的是朋友，朋友可以在我們快樂的時候，分享我們的快樂，在我們憂愁的時候，分擔我們的憂愁。

朋友並不會從天而降，所有的朋友都是從陌生到熟悉，然後才成為我們的朋友，只有主動結交新朋友，我們的朋友才會越來越多，參加朋友的聚會，可以讓我們擁有更多的朋友。

從前有一隻螢火蟲，在一個夏天的晚上，提著自己的小燈籠，想找新朋友，牠在草叢中飛上飛下，找來找去，可是連一個影子也沒有找到，可是螢火蟲一點也不灰心，仍然在那裡繼續找朋友。

這時，螢火蟲的老朋友小螞蟻跑了過來，想請螢火蟲幫一個忙，原來螞蟻王國正在那裡開舞會，可是少了燈光，想請螢火蟲幫忙，螢火蟲一想到自己還沒有找到新朋友，有一點猶豫。這時，小螞蟻說：「參加我朋友的聚會，不就找到朋友了！」

螢火蟲去舞會幫忙，一定可以交到不少朋友。人的一生中也少不了朋友，可是有不少人不願意主動交朋友，雖然很想交朋友，卻不願意邁出第一步，這樣真的很難交到朋友。

許多人說自己性格內向，不善交際，也不願意參加聚會，日子久了，別人會認為這種人太過高傲，當然也不會主動和我們交朋友。交朋友的第一步就是要主動交流，沒有交流如何與人接觸，如何選擇自己的朋友，我們都會有需要朋友、需要幫助的時候，多交朋友，會讓我們心情愉快，讓我們覺得自己很重要，也會願意幫助自己的朋友。

如果沒有朋友，這個世界只是一片荒野，我們可以參加朋友的聚會，在自己朋友的聚會上，可以結交不少自己喜歡的朋友，因為由於某種相似或是相同的愛好，我們才會和自己的朋友相識、相交、相知，如果是自己的朋友的朋友，和自己也會有共同之處，相處會更容易，成為朋友的機率更高。

多結交朋友，可以讓我們更有自信、更開心，如果有機會，就去參加朋友的聚會吧！它會讓我們擁有新的朋友。

參加教會活動

其實，信不信教是個人的事情，不過如果有機會，我們可以去參加教會活動，感受一下那裡的氣氛，只要心中有愛，與人為善，我們就會活得自在。

說到信教，不得不提起基督教；說到基督教，不得不提起《聖經》。《聖經》是各教友的精神糧食與行為指導書，也是眾教友交流的媒介。《聖經》是亞伯拉罕諸教（包括基督新教）的宗教經典，由舊約與新約組成。舊約是猶太教的經書，新約是耶穌基督以及其使徒的言行和故事的記錄。不管我們是否信教，可以偶爾翻翻《聖經》，裡面的故事極有啟發意義。

教會活動就是一大群人相互交流的場所，這個時候，大家就像一家人，圍坐在一起，開始做禮拜。剛開始的時候，大家一起唱聖歌和讚美詩，接著就由牧師佈道，或是分成幾個小組做禱告，資深的教友可以把禱告文說出來，讓大家分享，大家用心靈與上帝對話。教會活動還會有餐會與遊戲活動，相當有趣。

我們可以把教會活動當作是另一種類型的聚會，它可以讓我們平靜，坦然面對周圍的一切，相信真愛的存在。在虔誠、熱情的教徒影響下，讓自己的心靈得到昇華。

不僅僅是教會活動，如果有機會參加類似的心靈活動，我們不妨參加。不管對我們有無影響，至少我們可以多一些瞭解，如果可以有所感悟，就是最好的收穫。

如果你是一個虔誠的教徒，你會積極的參加教會活動，如果我們不信教，不妨去嘗試一下，親身體驗一番。其實，我們重在參與、體會另一種思想與感覺。

不要忘記，不管我們將來從事何種工作，顧客就是「上帝」，我們自己也是「上帝」，認真對待所有事，絕對不會錯。

默默的做一名志工

「贈人玫瑰，手留餘香。」每個人都希望自己成為那個手留餘香的人，因為默默的做一件好事，真的可以讓人心情愉快，抽出一點時間，讓我們默默的做一名志工，會給我們帶來不少的快樂，助人的確是快樂的泉源。

有兩個人死後到了陰曹地府，閻王查看功德簿以後，說：「你倆前世未做大惡，准許投胎為人，但是現在只有兩種人可以選擇，付出的人和索取的人，也就是說，一個人必須不斷的付出，另一個人必須不斷的索取，接受別人的恩惠。」

甲暗想，「索取」、接受就是坐享其成，太舒服了，於是他搶先說：「我要過索取、接受的人生。」另一個人表示甘願過不斷付出、給予的人生。結果，甲投胎轉世做了乞丐，每天都在索取和接受，另一個人變成一個富人，每天都在給予和付出。

可以為別人付出，是一件幸福的事情，這個世界上有許多人需要我們的幫助，作為一個有志青年，我們應該對社會上的弱者伸出援手，試想一下，有些人因為我們的善舉而度過難關，這是一件多麼讓人高興而自豪的事情。

如果真的想做一件好事，就不要留名，默默的做一名志工，這種不為人知的喜悅可以陶治我們的情操，也不要埋怨工作的辛苦，一定要事先做好心理準備，不吃一點苦是不可能的。

每所大學都會提供各類志工的機會，我們可以根據自己的愛好與特長去選擇工作的類型，最大限度的發揮我們的作用，想要做好一名志工真的不容易，這是一項十分有挑戰性的工作，需要我們用心做，不要被眼前的困難所嚇倒，剛開始一定會受到不少的挫折與困難，既然我們有心做好一名志工，就不要被困難嚇倒。

默默的做一名志工，讓我們的存在更有價值，讓我們的心靈更純潔、高尚，讓這個世界充滿愛，讓我們帶著一顆愉快的心情，盡自己最大的能力，無私的給別人幫助！

志工的隊伍，需要我們的加入，默默的做一名志工吧！

不要盲目打工

沒有進入大學以前，我們就會聽到不少關於打工的建議與忠告，也有不少人在校期間都兼了一份或是多份的差，這樣做真的很有必要。

「兩耳不聞窗外事，一心唯讀聖賢書」，早已經不適合我們。在大學，我們不僅要學習知識，還要為自己累積一些必要的社會經驗，因為上大學就是為了讓我們更好、更順利的融入社會，如果我們在校期間可以適當的打工，可以讓我們學到不少學校之外的東西，可是打工不能太盲目，打工需要帶著目的。

曾經有人把一種毛毛蟲放在一個大花盆的邊上，使牠們首尾相接，排成一個圓形。過一會兒，這些毛毛蟲就開始走動，像一個長長的遊行隊伍，既沒頭也沒尾。不久，研究者又在毛毛蟲隊伍旁邊放了一些牠們愛吃的食物，只要這些毛毛蟲分開，馬上就可以吃到美味可口的食物。

很可惜，大家預想的結果並沒有出現，那些毛毛蟲仍然是不知疲倦的首尾相接的爬行，牠們就這樣沿著花盆以同樣的速度、相同的步伐，一直走到餓死為止。

許多人都以為忙碌就是成就，工作就是成功。其實，做什麼事都是有選擇、有方向的，我們打工也是一樣，並不是說兼職越多越好，賺錢越多越快樂，如果打這份工，除了增加一點收入，對我們將來的工作卻毫無作用，還不如不打工，留一點時間加強自己的專業能力。

我們所做的一切，是為了讓自己更優秀，在往後的競爭中脫穎而出，打工的時候，我們不要忘記考慮這一點，可以從自己的專業性質或是個人愛好出發，有目的的選擇打工種類。當我們對自己的專業有深入的瞭解，按照自己的情況做一份適合的職業計畫，從大二開始，我們就可以找一些相關的工作，來加強自己的實力（大一的主要任務是瞭解自己的專業知識和自己本身的興趣，並不需要急著打工）。

如果我們學的是電腦，我們可以去電腦公司兼職，如果我們希望將來成為一名教授，家教是一個不錯的選擇，如果我們對經商有興趣，促銷或是推銷都可以去試一下，如果我們學的是外語，可以接到校對、翻譯的工作真的很不錯。

不要盲目的打工，也不要輕易相信別人的話，天底下絕對沒有免費的午餐，也不可能輕鬆的就可以拿到高薪，說不定會掉進別人的陷阱，我們的人生經歷和社會閱歷畢竟不足，在接受那份工作的時候，不要忘記帶著我們的警惕心。

打工不僅可以增加我們的收入，還可以累積社會經驗，增加我們的綜合能力，我們有必要打這份工，只是不要忘記一切以學業為重，如果因為打工而荒廢我們的學業就得不償失，要帶著目的打工，盲目打工只會浪費我們的時間。一切以學習為重，打工也不能盲目。

參加一些新鮮的社團

「社團」這二個字，對於我們來說，真是再熟悉不過了，大多數人都參加過社團，社團活動是大學課餘生活的主要部份。「社團」甚至成為一種文化，與大學生活密不可分。

有不少人參加的社團數目超過二、三個，這樣做其實並不可取，整天周旋在社團與社團之間，勢必會佔用我們大量的學習時間。不過，一個社團都不參加也不好，整天只是學習的大學生活，一定會沉悶又乏味。社團活動可以豐富我們的大學生活，除了選擇自己喜歡的社團，還可以選擇一些新鮮的社團，一定會給我們帶來不少驚喜，把它當作一次探險也很不錯。

有兩顆相同的種子一起被埋到地裡，有一顆種子很想知道外面的世界是什麼樣子，很想去探險，所以它就把根扎進泥土裡，努力的往上長，越過層層的泥土，跨過一個又一個的石頭，終於看到外面的世界，開出美麗的花朵。

另一顆種子，卻膽小怕事，害怕向上長遇到堅硬的岩石，向下扎根又會傷到自己脆弱的神經。若長出幼芽，可能會被蝸牛吃掉；若開花結果，可能會被小孩拔起來，這顆種子決定等前面那顆種子開花結果以後再下決定，可惜時間就這樣浪費了，早就過了發芽期，這顆種子只能爛死在土裡。

做任何事總免不了探險，大學的社團生活一定會給我們留下不少難忘、驚奇的回憶，如果說我們連這一點去尋找新鮮感的膽量也沒有，就會給自己留下不少的遺憾，新鮮的社團更有挑戰性。

參加社團，可以培養與發展興趣、擴大交際圈鍛鍊交際能力、尋找志同道合的朋友、心理和精神上的寄託，如果可以隨時給自己一點新鮮和驚喜，還可以讓我們保持一顆年輕的心，讓我們永遠的精力充沛，學習起來也可以活躍不少。

學習與生活都需要挑戰，選擇幾個新鮮的社團參加，懂得給自己一點驚喜，讓自己的生活有一點不同，給繁重的學業加一點調味料，可以為我們留下難忘的經歷。

成為社團活動的組織者，而不是參與者

很多人都十分積極的參加各類社團活動，可是卻很少人願意成為社團活動的組織者，因為怕麻煩，事情也十分的瑣碎、累人。如果抱有這種想法，只會讓我們失去不少鍛鍊的機會。組織社團活動是一項非常有挑戰性、有創意的工作，雖然操作起來真的很麻煩又很累，甚至就是一份打雜的工作，但是積極的策劃、組織一次社團活動，比跟在別人屁股後面參加十次活動更有意義。

有一個老人，很喜歡在十月的秋天到鄉間看野鴨子飛往南方過冬的情景。有一年，他突發奇想，帶了很多飼料到池塘邊餵鴨子。從此，有一些鴨子就不再那麼辛苦的往南飛，而是留在這裡過冬。後來，這些鴨子越來越肥，幾年之後竟然喪失飛翔的本領。但是另外一些鴨子卻不辭辛苦，堅持往南飛，牠們不僅活得自由自在，而且越來越強壯。

每個人都希望可以自由翱翔，而不願意成為只顧跟著別人的指揮棒走的「肥鴨子」，

參加社團可以豐富我們的課餘生活，培養我們的積極性與熱情，可是如果我們永遠跟在別人屁股後面跑來跑去，隨著別人的指揮棒行動，不願意自己動腦，時間久了，就會養成懶惰的習慣。慢慢的，我們將失去想像力，失去創造力，失去進取心，也會失去自我生存的能力，別人不可能永遠幫我們安排好所有的事情，只有自己積極的組織、謀劃，才可以真正鍛鍊我們的能力。

不可能每一個人都成為社團的領導者，但是我們可以為此做一些準備。首先，我們可以選擇一個或是多個自己喜歡感興趣的社團，並且積極主動的參加社團的每次活動與會議，把自己當成社團的領導者，除了做好自己份內的事，還可以做一些力所能及的事情，就算是一件小事，也要認真的做好，投入十分的熱情，讓別人認同自己、信任自己，社團出現職位空缺的時候，不要忘記毛遂自薦，積極的參與到社團事務處理中，使自己成為社團活動的組織者。我們都是朝氣蓬勃的年輕人，不應該被一些小麻煩而嚇倒，在大學，正是我們鍛鍊的好機會，積極的成為社團活動的組織者，可以加強我們的組織能力，完善我們與人交往的技巧，更可以讓我們充滿信心的面對每一件事，成功的組織一次社團活動會讓我們興奮不已，給自己留下難忘的磨練與回憶。

不要猶豫了，積極的成為社團活動的組織者吧！它比我們參加十次社團活動更有意義。

好好利用寒暑假

沒有哪一個人不願意假期的到來，說不定心裡念著的，就是這些可以讓人忙裡偷閒的日子，寒暑假的到來更是大快人心。

連續幾個月的學習生活，每個人都希望藉此機會好好的輕鬆一下，給自己的身體與心情放假，盡情的做一些自己喜歡做但是平時沒有時間做的事情。

如果，我們在寒暑假這幾個月裡，仍然是手不離書的刻苦學習，雖然沒有人贊成也沒有人反對這種做法，只是很難想像有人可以集中精力在假期學習，我們沒有必要如此苛刻自己，可是如果我們每天躺在沙發上，抱著一大堆零食，在電視機或是電腦前打發整個假期，也不能算過得有意義，這是一種奢侈的浪費，一轉眼這個假期就會結束，除了體重增加幾公斤，我們什麼也沒有留下。

這幾個月的假期，我們可以周詳的計畫，好好的利用這個難得的假期，做一些有意義的事情，時間是世間最寶貴的東西，也是最容易丟失的東西。

有一個人一心想尋找世界上最寶貴的東西，他問過不少人：「世界上最寶貴的東西是什麼？」黃金、美女、鑽石、權力、知識……

眾說紛紜，這個人也拿不定主意，為了知道真正的寶貝是什麼，他走遍天涯海角去尋找答案。許多年以後，這個人也老了，仍然一無所獲，望著鏡中白髮蒼蒼的自己，突然醒悟世間最寶貴的是時間，可惜時間卻白白浪費了。

時間的確是世間最寶貴的東西，雖然我們用不著在寒暑假刻苦讀書，也不要把所有時間全部花在玩電腦遊戲、看電視或是睡覺（一天八小時睡眠足夠了）這種無聊的事情上，好好的利用這個假期，做一些有意義的事情吧！

在放假前一、二週，我們就可以提前計畫，首先要決定自己是否打工，如果決定打工，最好事先有所準備，否則難免會盲目而倉促的找一份工作，打工需要帶著一定的目的與目標。如果不決定打工，可以根據自己的興趣、愛好，去學習某種技能，甚至擔任義工，只要自己覺得有所收穫，生活過得有意義就可以；或是以度假的方式，約幾個志同道合的朋友，去遠方旅行或是探險，這同樣需要我們事先有周詳計畫。

總之，不管我們怎麼過，讓我們的假期不再枯燥無味，讓自己充滿活力與鬥志，不要白白浪費這幾個月，好好的利用寒暑假吧！

時間永遠是世間最寶貴的東西，我們在假期做學習之外的事情，也可以讓它更有意義，讓自己更開心。

富蘭克林曾經說：「**你熱愛生命嗎？那麼，不要浪費時間，因為時間是組成生命的材料。**」

第六章：實習是走向社會的最佳跳板

實習是我們走向社會的跳板，想要讓這個跳板真正的發揮作用，需要我們提前規劃，根據自己的專業，趁早聯繫實習單位，把自己當成正式的員工來認真工作，多動腦，多動手，多動嘴，最終把公司瞭解透徹。

大學是為我們將來工作做準備的四年，不管我們是否考研究所甚至讀博士，總有一天我們都會走向社會，走出校園，實習就是我們走向社會的跳板，實習對於我們來說，同樣至關重要。

不少人對實習不以為然，認為這只是臨時性的工作，幾個月之後我們拍拍屁股走人了，做好做壞也不會有什麼影響，如果抱著這樣的想法，真是大大的失策，也極不應該。

在實習公司的幾個月，就是我們最初的工作經驗，實習中的表現也將成為我們求職的保障。在這裡，我們把學校所學的理論、知識向實踐方面轉化，做到理論與實際相互結合。在這裡，人與人之間的關係更複雜，不再是單純的師生關係或是同學關係，它會更直接的給我們上一堂人生課程，教我們如何與周圍的人相處。

一般學校會為我們聯繫實習單位，安排我們實習的去處，可是由於學校擴大招生，學生眾多，工作的公司與我們的專業往往不符合，企業也是名不見經傳。

實習時間難保、實習單位難尋、實習效果難表現，已經成為擺在我們面前的三座大山，實習期的確很容易混過，可是要在實習中真正的做一點事，還真不是簡單的事。

不管做什麼事，我們都要認真對待，丟掉打混過日子的想法，哪怕只是打雜，哪怕只工作一個小時，我們都要盡自己最大的能力做好這件事，就會讓我們學習到不少東西，認真的態度是我們成功的要素。打起精神，給自己一點信心，在實習中好好做，讓這塊跳板把我們帶到更遠的地方吧！

規劃自己的實習期

為了使學業更完整，我們制定學習計畫，為了使工作更順利，我們在校期間就有職業計畫，同樣的道理，為了使實習這塊跳板發揮更大的作用，我們也需要規劃自己的實習期。

千萬不要把實習看成是小菜一碟，隨著學校的擴大招生，實習的競爭也越來越大，想要找到與自己專業符合的企業，在實習期間真正的學到東西，需要我們加倍的努力，規劃好自己的實習期，使實習發揮它本身的作用，讓我們順利的融入工作與社會。

從前有一隻聰明的小鼴鼠，為了可以捕捉到足夠的小蟲子，就規劃自己的地下迷宮，這隻小鼴鼠拿出一張紙，把自己設計好的地圖畫了下來，每天就按照這張圖紙在地下打洞，足足花了幾個月的時間，工程終於完成了，這是一個四通八達、立體網狀的坑道，雖然挖得很辛苦，可是不久以後，小鼴鼠就可以輕鬆的等食物上門。因為在地底鑽土而行的蚯蚓、甲蟲等小昆蟲，經常會不知不覺闖進小鼴鼠的坑道中，被來回巡邏的小鼴鼠捕獲，小鼴鼠只要在自製的網狀坑道裡繞行一周，就可以抓到很多掉進陷阱的獵物。

這隻小鼴鼠一定會吃得肥肥胖胖，不過這不用我們為牠擔心。小鼴鼠有自己的迷宮捕蟲器，多虧了小鼴鼠懂得規劃。對於十分重要的實習，我們也需要好好的規劃，使自己在有限的空間，盡可能的學到實用的東西，這對我們十分重要。

在這個實習期，我們最重要的任務是把理論與實踐相互結合，使自己更靈活的掌握專業知識。同時，為了我們實習以後可以順利的找到工作，我們需要更透徹的瞭解這個公司，瞭解這個行業，我們可以依據這幾個要點，根據自己的實際情況，制定一套完整的實習計畫。

實習是我們走向社會的跳板，為了使它完全的發揮作用，提高我們的能力，不要輕視實習，好好的規劃，使自己表現得更優秀吧！

實習要趁早

大多數人實習都是在大四的下學期，等著學校安排實習公司，可是這樣做經常使我們處於被動狀態，很多人都不得不打混。

許多公司並不太歡迎實習生的到來，由於實習的臨時性，許多實習生動不動就請假、曠職，過著三天打魚兩天曬網的日子，公司對學生的管理又十分有限，也無心管理這批臨時的「職員」，如果想進入大型的公司，除非我們非常的優秀，不然多半會讓人拒之門外，並且隨著大學的擴大招生，使得實習的競爭更大。種種的原因，使得實習並不如我們想像中的那麼容易，如果我們還等著學校的安排，到時候可能連實習的機會都沒有，實習也要趁早，需要我們主動出擊。

在某學校的語文課上，老師正在講解「笨鳥先飛」、「早起的鳥兒有蟲吃」的道理，有一個小朋友舉起胖胖的小手，大聲說：「老師，我要當晚起的蟲子，不然會被小鳥吃掉。」課堂上頓時笑聲一片，這個小朋友也得意的望著老師。

這時，只見教授微笑著搖搖頭，說：「現在的你們並不是小蟲，而是羽翼未豐的雛鳥，你們的任務是及早的起飛，而不要落後於他人。就算是一條小蟲，也應該早一點學會躲避鳥兒的抓捕，而不是偷懶睡大覺。」

小朋友們都聽得一頭霧水。

小朋友們聽不懂老師的話，一頭霧水，可是我們不會，我們早就知道在這個複雜的社會上，面對強大的競爭力，我們就是一隻剛剛展翅的小鳥，能不能飛得起來，怎麼飛，我們眼前要做的就是及早的起飛，讓自己更早的融入社會。

可是如果我們到了大四才準備實習，才想起自己應該要起飛了，就太晚了一點。如果不早做準備，早一點實習，完全聽從學校的安排，就不管是什麼情況，我們都要硬著頭皮上了。其實，針對實習這個環節來說，我們就落後那些及早安排、及早實習的同學，在出學校的最後關頭又輸了一招半式。

實習是我們踏入社會的跳板，是我們捉蟲的第一次演習，當然不能落後於人，如果可以趕在別人前面，及早準備，機會就會更大，也可以有更多的機率找到可口的「蟲子」。

趁早實習，可以減少競爭力；趁早實習，可以更有把握的選擇與自己專業符合的公司；

趁早實習，可以讓我們更有機會找到好的企業，對於我們將來的工作有很大的幫助，為了我們可以順利實習，學到更多的東西，實習也要早一點。不過，也不用太早，我們可以在大三的寒暑假就開始實習，這也是一個很好的選擇。

提前瞭解實習公司的相關資訊

如果我們在公司實習了好幾個月，對那個公司的實際情況還是一無所知，那就有一點可笑，這也說明了我們對實習的態度實在太隨便。

提前瞭解實習公司的相關資訊，是很有必要的，可以讓我們對自己的實習有一個大概的認識，使自己在工作中更沉著、冷靜，讓自己在實習中表現出色。

曾經有一個地方從來沒有出現過騾子，後來有一天，有一個商販經過此地，遺失一頭騾子在此地，這頭騾子走進樹林裡吃草，迎面來了一隻老虎，老虎對這個長著四條腿、長耳朵的怪物感到十分的陌生，也害怕極了，在騾子身邊徘徊了好久不敢靠近牠。這頭騾子也是第一次見到老虎，仍然很悠閒的吃草，這二隻動物就這樣一直僵持著。

這真的很滑稽，天底下大概只有這隻老虎怕騾子，也只有這頭騾子敢在老虎面前悠閒自得，如果老虎對騾子稍微有一點認識，就可以撲上去飽食一頓，同樣的，騾子如果有一點見識就應該早一點逃命。

我們在實習前，也需要對實習公司有初步的瞭解，才不至於讓自己畏手畏腳，也用不著提心吊膽，不然真的很容易做錯事。

許多公司在高昂的新人培育成本和高流失率面前望而卻步，認為培養新人是得不償失的事情，往往不太願意接收實習生。

再加上畢業生一年多過一年，這給實習帶來很大的難度，如果我們想讓對方改掉這種觀點，或是為自己尋找適合的實習公司的時候，首先我們就要瞭解那個公司，把自己最好的一面展現給他們。

實習前瞭解公司的情況，可以讓我們判定它是否適合我們實習，並且為此做好準備，爭取到這個難得的實習機會，如果我們只是聽說公司的名氣大，不管三七二十一就向對方發出實習請求，就算讓我們贏得這個實習機會，可是工作以後發現與自己的專業不符合，只怕會大傷我們的腦筋。

提前對實習公司做好瞭解，根據實際情況做一些相應的準備，還可以讓我們更有把握的贏得這個實習的機會，同時也可以讓我們胸有成足，在實習中少犯錯誤，給自己多添一點自信，讓我們實習更順利一點。

提前瞭解實習公司的相關資訊，知道公司屬於何種產業，與自己的專業有何關聯，以及這家公司的大致情況，這些都是基本的資料，對它們的瞭解是少不了的。

實習時間最好在三個月以上

如果我們去一家公司實習，做了不到一個月就離開，這是非常不明智的，因為在這麼短的時間裡，我們根本無法學到什麼東西。也許有些人自以為天資聰穎，認為自己已經學得很透徹，已經沒有什麼東西可以讓我們學了，那可就想錯了，就算是一個小公司，它也是麻雀雖小，五臟俱全，我們最多只學會一些表面的東西，根本還沒接觸到它的核心部份。

有一個人，家裡世世代代都是開燈具廠，有一次舉行展覽，父母派他前去考察，此人欣然同意，來到會場，只見一片燈海，五光十色，燈形各異，看得人眼花撩亂。不久，此人參觀完畢，高高興興的回家。

父母見兒子回家，急忙問他會場的情況，兒子都一一的回答。父親問他會場的燈，哪一家的造型最好？哪一家的品質最好？用的是什麼材料？和自己家的相比有何區別？這時，他卻一問三不知，原來他只是囫圇吞棗，只看了外表，細節問題卻沒有觀察到，這一趟算是白跑了。

如果我們實習的時候，也是如此草率，只怕浪費的只是我們自己的時間，學到的也只是皮毛。實習時間最好在三個月以上，我們才有可能把這個公司看透，瞭解更多的東西。

實習時間最好在三個月以上，絕不是說讓我們混過這三個月，這樣同樣是浪費我們的時間，還不如早點離開，在這三個月的實習期，我們可以把自己當成正式的員工，盡情的學習，把自己可以學到的東西，全部學到。

我們只有花相當長的一段時間，才有可能瞭解某些東西。實習的時候，我們需要仔細的觀察，認真的體會，最少工作三個月時間，讓我們更進一步的瞭解這個公司的運作，更深入的學習一些有用的知識，凡事都不能有半點馬虎，就算想在多家公司實習，學習不同的東西，也用不著走馬看花，那樣根本學不到任何實用的東西。

請記住！實習最好在三個月以上。

把自己當成正式員工來實習

我們實習的時候，最好可以忘記自己是一名實習生，不然總是認為自己是臨時工，遲早要離開，多多少少會打擊我們的積極性。我們可以把自己當成正式的員工，把公司當成自己的家，發動自己所有的積極性，認真的做好每一件事，我們才有可能學到更多的東西。

曾經有一個公司，為了減少開支，決定裁員，辦公室有二個職員在這個裁員名單裡。聽到這個消息以後，二人十分的傷心，因為這是她們的第一份工作，二人都喜歡這份工作。

其中有一個職員，一想到不久以後就會失業，心思根本不在工作上，每天無精打采，做事經常丟三落四，一有空就溜出去找工作，想給自己早一點做好準備。另外一名職員卻表現不同，雖然有可能馬上被炒魷魚，仍然兢兢業業的做好自己的本職工作，做事有條不紊、一絲不苟，十分的認真負責。等到裁員的那一天，卻發生戲劇性的變化，原本應該兩個人都要被裁員，公司卻把第二個職員留下來，老闆說：「這樣認真負責的員工，公司根本沒有理由裁掉她。」

做事不能計較時間的長短，在職的一天，就要盡一份責任。實習的時候，最好不要把自己當臨時工來看待，把自己當成正式的員工，我們就會更努力、更敬業的工作。這樣做的結果，最受益的是我們自己，不僅可以得到公司的好評，還可以真正的學到不少東西。

人真的很奇怪，由於心境的變化，往往會影響人們的工作情緒，如果有一種力量隨時鼓舞和監督我們，工作效率就會又快又好，學到的東西就會更多。實習的時候，把自己當成正式員工，同樣可以讓我們一心一意的工作，一心一意的學習，會讓我們受益不少。

我們把自己當成正式員工來實習，認真的做好每一件事，說不定公司會考慮留下我們，真的成為一名正式員工，如果那個公司不合自己的心意，可是我們已經從中學到不少東西，掌握不少本領，就可以讓我們找到更好的公司。

多一些務實的心態，從瑣事做起

在實習的過程中，會有許多繁雜瑣碎的事情需要我們做，許多人都不太滿意分配給自己的工作，認為我們是大學生，是知識份子，不應該做這種雜事，這簡直就是大材小用，如果帶我們的前輩學歷沒有我們高，噓聲只怕會更大一些。

這樣做真的不好，有可能這些事真的很簡單，也有可能帶我們的前輩學歷真的不高，可是在工作經驗方面，在動手操作方面，他們就是比我們強，比我們懂，我們是來實習的，是來向他們學習的，多一些務實的心態，凡事從瑣事做起，前輩教我們就會更容易一些，我們學起來也會更上手一些。

美國有一個人，他大學畢業以後，到一家汽車公司應徵。和他一起應徵的三、四個人都比他的學歷高，前面幾個人面試之後，他覺得自己沒有什麼希望。

他敲門走進董事長辦公室的時候，發現門口地上有一張廢紙，就彎腰撿了起來，把它扔進垃圾桶，然後才走到董事長的辦公桌前。

董事長對他說的第一句話就是：「很好，先生，你已經被我們錄取了。」

此人十分驚訝的問為什麼，董事長回答：「前面三位的學歷的確比你高，而且儀表堂堂，但是他們眼睛只可以「看見」大事，但是看不見小事。你的眼睛可以看見小事，我認為可以看見小事的人，將來就可以看到大事。一個只可以「看見」大事的人，他會忽略很多小事。他是不會成功的。所以，我才錄用你。」

這個人就這樣進了這個公司，這個公司不久就揚名天下。不久，此人還以自己的名字，把這個公司改名為「福特公司」，是的，他就是世界聞名的福特，就是憑著這種務實的精神，從小事做起，創造自己的汽車時代的福特。

我們真的要改掉眼高手低的壞毛病，就如那個董事長所言，一個眼中只有「大事」的人，什麼事也辦不成，因為他會忽略許多小事，把自己的起點放得太高，失望與失落也就更多，只有務實的人，從小事做起，才會一點點的接近成功，直到最終取得成功。

在實習的過程，在向別人學習的過程，更應該抱著這樣的態度，如果我們自命清高，不把老師放在眼裡，他們也不會把我們放在心上，受害的當然只是我們自己。

墨子曾經說：「士雖有學，而行為本焉（讀書人雖然有學問，但是親身實踐才是根本）。」

在實習的過程中，我們多一些務實精神，從瑣事做起，不懂的就虛心請教，擺正自己的心態，就會讓我們的實習更順利，與教授相處更融洽。

務實一點，從小事做起，成功就是靠小事無數次的累積，手高眼低才是做事的根本。

對自己負責，對公司負責

我們經常說，做事情最少要對得起自己，也就是要對自己負責，這一點真的很重要。只有肯負責的人，才會用心做好每一件事，我們在短短幾個月的實習期內，也要對自己負責，對公司負責，只有這樣，我們才有可能盡自己最大的能力去做事，這樣的工作態度相信會讓我們學到的更多，也會給別人留下好的印象。

有一家著名的毛皮公司，有兄弟二人一起進那家公司工作，他們的學歷一樣，能力也差不多，可是待遇卻大不相同，兩兄弟的父親大惑不解。有一次，這位父親正好經過公司，於是決定去問一問主管，為什麼會出現這種不平等的待遇。主管聽了這位父親的疑惑，對父親說：「我現在叫他們去做同一件事，你只要看他們的表現，就可以得到答案！」

大兒子進到辦公室，主管吩咐他去碼頭調查，把那裡船上毛皮的數量、價格和品質詳細的瞭解，大兒子聽完以後，馬上就離開了，不到五分鐘他就出現在主管辦公室，原來為了方便，大兒子只是打了一個電話，就完成任務。小兒子也接到同樣的任務，可是足足等了幾個小時，小兒子才出現在辦公室，原來小兒子親自去了一趟碼頭，對船上毛皮情況做了詳細記錄，並且聯繫好幾家適合的商家，請他們明天過來商討合作事宜。

小兒子做事認真負責，那位父親也明白自己這二個兒子為什麼做相同的事，拿到的卻是不同的薪資，因為他們二人的工作態度是完全不同的。只有我們對自己負責，對公司負責，才會盡心盡力的為公司著想，認真的做好每一件事，這樣做的結果就是我們的努力得到主管和同事的賞識。

我們實習的時候，也需要有這種工作態度，對自己負責，對公司負責。可能我們這樣做與混日子的實習生的待遇是一樣的，也不會得到升職，可是我們從中可以學到不少東西，為以後的工作養成良好習慣，這就是我們得到的財富。

做事情的時候，我們不用擔心別人會嘲笑我們呆笨，如果事情太多、太複雜，最好用筆記錄下來，不要怕麻煩，凡事親力親為，認真的做好每一件事，我們的努力別人是看得到的，說不定教授看到如此認真的學生，忍不住就會多教我們幾招。

不管是在實習，還是做其他的事情，我們都應該對自己負責，對別人（公司）負責。

多動腦，多動手，多動嘴

不管學什麼東西，都要靠自己主動，我們再也不是小孩子，不會再有人逼著我們學習，也不會有人主動的要求我們學習，實習更是如此，想要真正的學會一樣東西，多學一些知識，除了多動腦，還要多動手，多動嘴。

許多人都說，實習還得靠運氣，有些人運氣好，碰到一個好教授，既耐心又肯教，可是有些人運氣差，碰到經常對我們不理不睬的教授，讓我們自生自滅。這句話真的沒有說錯，因為實習生的特殊性，隨機性也比較大。

阿德是新聞系的一名學生，春節前，學校將阿德和另外八名學生安排到一家報社實習。阿德的運氣不錯，他的指導老師很認真，每次採訪、寫稿都會叫他，但是其他的同學卻經常抱怨太清閒。漸漸的，來實習的同學越來越少，最後只剩下阿德一個人。

大家都認為，實習能否學到東西，除了自身的原因，運氣佔了不少關係。運氣好的，可能碰到一個認真負責的指導教授；運氣不好的，可能碰到一個很少與學生溝通的指導教授，或是不管事的教授，那可就倒楣了。可是如果我們在實習期間不時的請假，做事也是應付了事，就算有再好的運氣，再認真負責的教授，我們也學不到什麼東西，主動權仍然在我們自己手上，阿德之所以可以堅持到最後，除了教授肯教，主要還是阿德肯學。

正因為我們是到別人的公司實習，流動性較大，主動權不在學校，教授也不會嚴厲的管束我們，也由於教授水準的參差不齊，如果我們自己不主動、積極，實習也是在浪費時間。

只要我們肯學，教授一定會教我們，這就需要我們多動腦，多動手，多動嘴。教授教給我們的東西，最好可以快速的、完全的消化它，也許我們遇到一個不善言辭的教授，也不用擔心，虛心一點，多問，多看，多學，一定可以學會不少東西，每一個教授都會願意教虛心上進、努力勤快的學生，如果我們自己不主動，那可就另當別論。

實習也許有點運氣，不管運氣的好壞，主動權仍然在我們自己手上，只要我們肯學，多動腦，多動手，多動嘴，就算教授是一塊「頑石」，也會喜歡這樣的好學生，只要肯努力，就一定可以學到不少東西。

不懂就問，多思考，多動手，就算是「偷學」，我們也一定會有收穫。

徹底瞭解公司

雖然我們只是實習，以後的去處仍是未知數，可是每做一件事都應該盡心盡力。我們剛出來工作，每一個環節、每一個細節都有許多東西值得我們學習，所有的事情並不如表面看來那麼容易，如果我們每到一個地方工作，都可以認真學習，徹底瞭解公司，就可以讓我們學到不少東西，取得不錯的成績。

就算是在實習期間，如果我們抱著徹底瞭解公司的想法，我們會發現自己要學的東西真的太多了，這樣的工作態度一定可以讓我們取得成功，在眾人之中脫穎而出。

曾經有一個人認為公司不器重自己，浪費自己的才能，決定離開這個公司，另尋他路。他的一個朋友知道了，對他說：「我舉雙手贊成你這樣做，這個破公司一定要給他顏色看看，不過你現在離開，還不是最好的時機。」這個人急忙問什麼是最好的時機，他的朋友告訴他：「如果你現在走，公司的損失並不大，你應該趁著在公司上班的機會，拚命為自己拉一些客戶，成為公司獨當一面的人，然後帶走這些客戶，公司才會受到重大的損失。」

這個人覺得朋友說得太有道理，於是他努力工作，把公司所有的運作流程瞭解的一清二楚，工作起來也得心應手，不久就有了許多自己的忠實客戶，每次升職當然都是榜上有名。

他的朋友就是使用激將法，讓他有所行動，如果現在勸他離開公司，他一定不願意。許多事情不是我們能力不足，而是努力不夠，如果我們可以把公司的營運狀況瞭解清楚，工作起來當然會輕鬆不少，只要做出成績，當然也會得到老闆的賞識。

我們在實習期就可以把公司瞭解透徹，不僅可以學到很多東西，抱著這樣的工作態度，不管做什麼事情，總有一天我們會成功。

每一個公司都有獨特的一套管理制度，有自己的運作方式，瞭解一個公司，我們可以從它的資源、管理制度開始，然後再從每一個流程、細節著手，就可以讓我們把這個公司的主要脈絡瞭解透徹。

在實習期間，就讓我們用心工作，盡量把別人的東西變成自己的東西，學習每一種可以學習到的知識吧！

學會在實習中處理人際關係

實習是我們走向社會的跳板，工作以後我們會發現，人與人之間並不如我們在學校裡那樣簡單，如何處理人際關係，真是一門不小的學問。在實習中，我們就可以學習這門高深的學問，在跳板中找到處理人際關係的基本要點。

千萬不要小看人際關係的處理，對我們的影響可大了。處理得好，可以讓自己在一個舒適的環境中工作，也會充滿自信；處理不好，不僅影響心情，也沒有人願意與我們交往，得不到別人的重視，會讓我們越來越自卑。

在實習中，我們最多接觸的應該是帶我們的前輩，如果處理得不好，很有可能他就會對我們心生厭惡，當然也沒有耐心教我們；處理得好，帶我們的人一定會恨不得把他所知道的東西全部傳授給我們，絕對沒有誇張，人際關係處理的好壞，結果就是有這樣的天壤之別。

每個人只要來到這個世上，不管學歷的高低、貧富的差距，都希望受到別人的歡迎，所以在處理人際關係上，最重要的是平等。千萬不要認為自己是大學生就很了不起，這樣只會讓別人遠離我們，與人交往要以誠相待，這不是要我們拍馬屁、講奉承話、用錢財收買人心，這樣做絕對不會交到真心的朋友。

想要交到更多的朋友，我們最好的武器就是微笑。真心的微笑，可以給別人留下一個好的印象，千萬不要獨來獨往，這樣只會讓別人害怕與我們接近，最好可以主動一點。總是技巧性的打開話匣子、助人為樂、懂得表達感激之情……就會為我們贏得不少朋友。

在實習期間，我們對待自己的師父應該心存感激，尊重是最基本的。根據統計資料顯示：良好的人際關係，可以使工作成功率與個人幸福達成率達到八十五%以上；一個人獲得成功的因素中，八十五%決定於人際關係。

人際關係的處理真的很重要，讓我們在實習中好好的學習如何處理人際關係吧！

第七章：管理自己的生活

進入大學，有些人就會離開父母、家人來到異地，與一大群陌生人朝夕相處，真正的獨立生活就這樣開始了。不想讓家人為自己擔心，想真正的獨立，就先從自己的生活開始，照顧好自己的生活，讓自己更從容、更有自信吧！

曾經看過一篇報導，有一個學生以優秀的成績考入一所大學，全家人還未從喜悅中甦醒過來，就接到兒子想退學的電話，為什麼？因為兒子的自理能力實在太差，以前什麼事情都是家人幫忙解決，現在一個人在大學裡，不會折棉被，不會洗衣服，就連自己每餐吃什麼都是左右為難，當然無法適應大學生活。

就算我們成績再好，無法料理自己的生活，在學校、社會都會寸步難行，父母不可能照顧我們一輩子，離開父母我們需要更堅強，最起碼應該學會照顧自己的生活。

大學以前，我們是否飯來張口，茶來伸手？現在就學會自己動手。我們是否從未計算過平日的花費？從現在開始就好好計畫自己的生活費，千萬不要讓自己在上半月過著「皇帝」的生活，下半月就變成「乞丐」，這需要我們懂得管理自己的錢財。

養成好的生活習慣，照顧好自己的生活，每天給自己一個好心情吧！

每天給自己一點新鮮

雖然大學生活真的很精彩，可是不少人仍然認為大學生活過久了也會無趣，社團、舞會、聯誼，花樣真不少，可惜新鮮感無法維持太久，總有厭倦的一天。新鮮感就好像一副興奮劑，讓我們充滿活力與激情，失去它，就好像一池死水，讓人無精打采，既然這樣，就讓我們每天給自己一點新鮮，給自己一點驚喜，讓我們「活」起來吧！

有人一定會認為，每天都發現一點新鮮事物，好像有一點不可能，哪有那麼好的運氣，所有新鮮、有趣的事情，全被自己遇到了。新鮮事物並不一定就是驚險刺激，只要我們細心的觀察與體會，隨時保持一顆好奇的心，在平常生活中，在我們的身邊，每天都會有新鮮事物，新鮮要靠我們自己創造、尋找。

如果我們用心的觀察，會發現教室前的那棵枯樹竟然發了芽，今天交的新朋友十分幽默可愛，隔壁的那個女孩似乎正在戀愛，教授笑起來竟然有一顆虎牙，學校又成立一個有趣的社團，回寢室的路上竟然發現一隻從未見過的昆蟲……

在平凡的生活中去發現，在平凡的生活中去感受，我們會發現新鮮事物無處不在，總是可以給我們一個好心情，讓我們一整天都可以精神百倍、笑口常開。

讓我們的心永遠保持好奇與細膩，每天給自己一點新鮮吧！我們的生活會更精彩，讓我們在平凡中感動吧！

避免睡眠不足和睡眠過度

如果我們白天忙了一整天，累得筋疲力盡，只需要好好的睡一覺，明天一定又會精力充沛。

睡覺真的是一件舒服、愜意的事情，可是卻有許多人在這方面做得不太及格，睡眠不足和睡眠過度都是不對的，我們應該盡量避免這種情況，給自己一個好的睡眠品質吧！

音樂系的阿福，大家都叫他「熊貓」，絕對不是因為他是國寶級人物，而是因為他可以三天三夜不睡覺，也可以躺在床上一整天不翻身，眼睛周圍總是有一圈黑黑的眼袋，像極了熊貓。不過，自從阿福上網查了一下資料，瞭解這樣做的壞處以後，再也不敢如此行事，因為他還不想過早的衰老。

睡眠不足對健康真的十分不利，不僅會讓我們眼圈發黑、體力不足、身體失調、抵抗力降低、注意力和判斷力低下，還會影響大腦的創造性思維和處理事物的能力，我們上課就會處於精神恍惚的狀態，聽課的效果當然很差，而且睡眠不足還是美麗的頭號敵人！充足的睡眠才會讓我們的皮膚有光澤、彈性，才會顯得有精神。

不少人喜歡週末大睡特睡，想把平時缺少的睡眠補回來，這樣做可是錯得離譜，不但補不回我們的睡眠，對我們的健康同樣不利。

如果我們睡得太久，超過正常睡眠的時間，我們會感覺越睡頭越暈，最後連起床的力氣都沒有。日本名古屋大學曾經對十萬人進行睡眠調查，歷時十年的大規模的追蹤研究，發現每天睡七小時的人最長壽，睡眠超過八小時者死亡率最高，睡覺並不是越多越好。

睡眠不足或是睡眠過度，對我們的學習與生活影響很大，如果我們沒有合理的安排自己的睡眠，白天一定會沒有精神，不但會影響學業，還會影響心情，如果我們想保持一整天的精神，白天不打瞌睡，就需要我們好好的對待自己的睡眠。一般說來，保持每天八小時睡眠就足夠了，有些人甚至只需要六、七個小時。

有些人並不是不想睡覺或是愛睡覺，而是晚上失眠，睡覺變成一件痛苦的事情。失眠的原因有很多，主要是由於心情低落、精神壓抑造成的，只要找到失眠的原因，就可以很快治癒，安心睡覺。

我們可以合理的安排白天的行程，有條不紊的處理完當天的事情，放輕鬆，保持愉快的心情，盡量在就寢時間上床，之前可以泡一個熱水澡或是喝一杯牛奶。

有許多簡單易行的小辦法，可以幫助我們盡快的入睡，只要我們充份休息，第二天就會精神百倍。

按時睡覺吧！

盡量避免睡眠不足與睡眠過度，讓我們充好電，精神飽滿的迎接每一天。

上網第一件事是流覽當天的新聞

隨著電腦與網路的發展，上網變成每天的例行公事。坐在電腦前，我們可以和世界各地的人交流，可以玩遊戲，還可以查詢任何自己想知道的知識與消息。流覽當天的新聞變成上網的第一件事，關心時事、關注新聞也變成生活中不可缺少的部份。

我們當中可能有不少人不看電視，不看報紙，可是不上網的人真的很少，上網流覽新聞變成我們獲取新聞的主要管道。

人天生就是好奇的，對新聞的獲取懷有強烈的欲望，新聞可以第一時間報導現實中發生的事情，上網流覽當天的新聞可以讓我們把世界各地發生的奇怪、有趣、震驚的事情盡收眼底。流覽新聞是一個很好的習慣，它可以讓我們瞭解世界動態，關心世界，甚至還可以根據其新聞內容，判定相關的事情，也許有一天就會對我們產生關鍵性的作用，新聞隨時都是更新的，在迅速的變化著，不僅可以給我們最新的資訊，還可以讓我們隨時感動。

流覽新聞真是好處多多，網上流覽新聞內容更多、更快、更方便，不管是時事新聞，還是娛樂新聞，或是體育新聞，都可以一網打盡。不過，上網流覽新聞的時候，不要一直埋頭於娛樂新聞，過多的關注誰與誰的緋聞，誰又有了外遇（明星們的花邊新聞），我們應該更多的關心時事新聞，其次還有體育新聞，這樣做更有意義，對我們的幫助更大。

上網第一件事就是流覽當天的新聞，千萬不要錯過精彩內容，第一時間掌握世界資訊。

不要錯過流行的話題

年輕人都喜歡接觸新事物、新思想，聚在一起也喜歡聊一些時尚、流行的話題。某個流行的詞語變成大家共同的話題的時候，我們當然不能錯過。

森林裡住著一大群小動物，現在正是秋天豐收的季節，每當夜幕降臨之際，大夥都聚在一起談天說地，小豬乖乖也喜歡聊天，可惜牠總是躲在角落接不上話，這讓乖乖一直很困擾。這時，有一隻小猴子正在開玩笑，說是看見梅花鹿偷偷的送了一大籃菠菜給小山羊。這時，只聽見所有的動物一陣哄笑，小豬乖乖也跟著傻笑，卻不明白大夥為什麼笑。

只見小豬乖乖很認真的對小猴子說：「如果你想吃菠菜，我的院子裡有很多，可以送給你吃！」不等乖乖說完，眾動物的笑聲更大了。這時，小猴子毫不客氣的打斷小豬乖乖的話：「乖乖，別人秋天偷偷送菠菜，那是『暗送秋波』啊！」

小豬乖乖真是傻得可愛，雖然只是一個笑話，可是現實中真的有不少這樣的人，讓我們不得不懷疑此人是否屬於現代人。每個人都渴望結交朋友，與朋友一起聊天，可是卻總有不少人形單影隻，或是一開口就讓氣氛冷掉，因為他說的話實在是陳年舊事，讓人產生格格不入的感覺。

從現在開始，不要錯過流行話題，讓我們也走在時尚潮流中，讓自己和同齡人有更多的話題，你會發現朋友的隊伍正在逐漸壯大。

不要以為流行話題全部是與時裝、美容有關的內容，流行是在一定時期內被人們普遍喜愛的東西，流行話題就是在一段時間內被人們經常說起的話題，可以是一句搞笑的口頭禪，也可以是與時事緊密聯繫的話題。當然，娛樂話題是少不了的。

流行話題可以說是包羅萬象、變化無常，不僅可以讓我們見多識廣，還可以讓我們跟上時代潮流，為朋友之間的聊天增添無數的趣味與討論的話題，不過千萬不要在流行中迷失自己，我們應該有自己的主見與原則。

時尚和流行已經成為這個社會最頻繁的話題，不要錯過，讓我們的生活更多快樂與精彩，這也是我們給自己新鮮的一個好途徑。

定時清理電子信箱

郵政時代：見信如見面，此致敬禮！
電話時代：你找誰？他不在！
手機時代：你在哪裡？我快到了！
網路時代：傳E-mail給我，我會立刻回覆！

現在是網路時代，幾乎每個人都有一台電腦。我們每天都會在網路上瀏覽，電子信箱也變成我們溝通的重要工具。我們會收到各式各樣的信件，有些是垃圾信件，有些是朋友傳來的信件和資料，如果沒有及時查看和清理，過不了幾天，就會使我們的電子信箱爆滿，很有可能會讓一些重要信件傳不進來，或是遺失某些重要資料。所以，要定時清理我們的電子信箱，避免錯過重要資訊，不要讓我們的電子信箱雜亂無章，為自己帶來方便。

如果我們定時清理自己的電子信箱，會給自己減少很多麻煩。每個人的電子信箱裡，都有一些重要信件，如果因為自己的懶惰與隨性，遺失這些重要信件，將會讓我們悔恨不已。

及時查看自己的電子信箱，不要錯過重要資訊；定時清理自己的電子信箱，刪除一些無關重要的信件，把一些重要的資料、戀人的信件、家人的信件分門別類，建立不同的資料夾，會讓我們更省事，看信件的心情也會很舒暢。

有許多人擁有很多電子信箱，有時候自己也記不住電子信箱的帳號與密碼。其實，有太多電子信箱不是一件好事，不僅浪費資源，也難於管理，還會給別人（寫信給我們的朋友）帶來許多麻煩。其實，有兩個電子信箱就足夠了，定時清理，就會有足夠的容量供我們使用。

不管我們的大學生活有多麼忙，定時清理自己的電子信箱，讓我們的生活更有條理。千萬不要說自己沒有電子信箱，那是很不可思議的！

在網路上發表意見

每次上網看別人貼文，都會看到許多人的留言，感覺很有意思。有時候，看完貼文真的無話可說，也要回覆一個表情，否則就會變成沒有禮貌的人。雖然這只是調侃，但是貼文的人確實用了心思，這些禮貌與尊重還是需要的，不要裝作視若無睹，應該發表意見的時候，就要勇敢的表達！

也許是習慣與性格的不同，有些人不管是進論壇看留言，還是到聊天室閒逛，總是喜歡隱身登錄，偷偷的來，輕輕的走，不留下任何隻字片語，悶聲不出，這樣做有些不妥。既然上網與別人交流，最好還是發表自己的意見，這樣可以讓我們交到許多網路上的朋友。當然，如果我們實在是忙得沒有時間，就另當別論。

由於網路的特殊性，它成為每個人的個性舞台，我們可以在網路上嬉笑怒罵，各抒己見。如果我們有什麼想法和感受，想要一吐為快，或是花了很多時間在網路上貼了一篇文章，必定會引來許多朋友在那裡討論，可是如果我們運氣不好，看留言的人都是沉默以對，我們的心裡也不會好受，就像滿腔熱血被這盆冷水完全冰凍。

不要把這種沉默的習慣帶到現實中，這樣只會讓自己更孤立，沒有朋友和沒有交流的生活是殘缺不全的。生活中的歡笑，無法缺少朋友，無法缺少共享。

在網路上有言論自由，有什麼想法和感受，不妨勇敢的表達，只要不傷害別人，不讓自己成為憤青就好！

不要沉迷網路遊戲

許多人都喜歡玩網路遊戲，那真是一個神奇、精彩而令人著迷的世界，遊戲本身是好的，為我們枯燥、沉悶的學生生活，帶來不少享受與樂趣。

可是卻有不少人，猶如吸食鴉片一樣，玩起遊戲就沒完沒了，整天張口閉口說的都是遊戲內容，完全沉迷下去，其實，這樣真的是很危險的，很有可能因為這份沉迷而毀了我們的前途。

遊戲中，大雄是一幫之首，他可以一呼百應，經常帶著幫裡的兄弟，浩浩蕩蕩闖到城堡前，一聲令下，「大俠」們一湧而上，把敵方殺得片甲不留，放眼過去全是敵方陣營躺著的屍體，戰鬥過程中既刺激又興奮，幫裡的兄弟一片歡呼，左一聲大哥，又一聲幫主，叫得人飄飄然。

現實中，大雄永遠雙眼無神，疲憊不堪，那是由於經常通宵玩遊戲的結果，網上一條龍，上課一條蟲，考試少不了紅字，變成教授眼中的問題學生，很多時候還會意志消沉，空虛也時常困擾著大雄。

在大學，玩網路遊戲變成最普遍的現象，不知道有多少人和大雄有類似的經歷，我們上大學不是來玩的，學業才是我們最主要的任務與目的，如果我們沉迷網路遊戲，不僅浪費時間、浪費金錢、耽誤學業，還會打擊我們的自信心，沉浸在這個虛擬世界中而不可自拔。

網路遊戲許多人都很熟悉，並且還有許多人正在暗下決定，一定要克制自己少玩遊戲，可是經常管不住自己，轉眼間就坐在電腦前，一場激戰過後，得到暫時的滿足，可是更大的空虛卻隨之而來，這就是虛擬遊戲的魔力。

我們不可能一輩子都在遊戲中度過，雖然有不少人以玩遊戲而出名，變成職業玩家，可是那是極少數人的道路，並不適合所有人，我們可以想想四年後的今天，是否可以憑著玩遊戲而順利找到工作，是否可以憑著賺取遊戲金幣買到麵包，只怕掏錢包的那個人永遠是我們自己。

所有玩樂、娛樂性的東西最好不要太沉迷，否則就會玩物喪志，一切事物都需要把握尺度，網路遊戲更是如此。控制得當，可以幫助我們抒解課業的壓力；控制不好，就會變成我們的大患。

不要在上課的時間玩遊戲，熬夜玩遊戲更是傷神傷身，如果沒有很好的自制力，就不要碰遊戲。不過，週末的時候，可以適當的放鬆。

記住：遊戲的作用是調劑生活，而不是妨礙學業的毒瘤，千萬不要讓一個區區的遊戲奴役我們。

經營自己的臉書和部落格

臉書和部落格是繼E-mail、BBS、MSN之後，出現的全新的網路交流方式。我們可以把自己的心情、喜歡的文章、個人的評論、重要的資料，傳到自己的臉書和部落格上，和網路上的朋友一起分享，無論這些朋友自己是否認識，想怎麼寫就怎麼寫，經營自己的臉書和部落格，真的非常實用。

小潔喜歡在自己的部落格中，記錄生活的點點滴滴，這樣可以讓她覺得生活非常有趣，也可以認識許多網路上的朋友。她平時也有旅遊的習慣，在旅遊之前，會在臉書上尋找朋友推薦的觀光景點和當地美食。到達目的地以後，只要拿著手機，查閱事先儲存的旅遊資訊，就不必再帶著厚重的旅遊書。這樣的旅遊方式，可以讓自己的心情得到釋放，也可以和別人分享自己的所見所聞，何樂而不為？

不管用什麼方式，經營自己的臉書和部落格就是這麼方便，只要自己喜歡，分享任何東西都可以。我們還可以根據自己的喜好，把臉書和部落格設計得獨具特色，看著自己的朋友不斷增加，也是一件非常快樂的事情。

心動了沒有？你有沒有自己的臉書和部落格？如果沒有，趕快申請一個自己的帳號。同時，要記住一點：經常更新臉書和部落格的內容，讓它們日益豐富！

可以喝酒，但是不要酗酒

某醫學院上課，老師將一隻蟲子放入裝滿酒精的杯子裡，蟲子一下子就死了。老師想藉此證明酒精對生物的危害，問一個學生：「這個實驗，說明什麼？」

學生回答：「喝太多酒，就不會長蟲子。」

適量的喝酒，酒是一種美味，會讓人心情愉快、興奮，還可以拉近人與人之間的距離。可是如果我們真的喝了太多酒，酒就會變成一種毒藥，有可能讓我們酒精中毒。

酒可以喝，但是不能酗酒，只有做到健康飲食，才會讓我們的身體與心情處於良好狀態。對於我們的生活，當然至關重要。

在大學，同學之間的聚會是少不了的，一大群朋友坐在一起有說有笑，當然十分開心。於是，酒也跟著上了餐桌，也許還會划酒拳。這個時候，不要太得意忘形，也不要酗酒鬧事。喝太多酒，我們的身體會受到不小的傷害，酒就會變成害人的東西。

還有許多人，在失戀的時候，喜歡喝得爛醉如泥，說什麼「一醉解千愁」，卻不知

「舉杯消愁，愁更愁」。不管發生什麼事，我們都不要傷害自己的身體，我們需要更積極的面對一切，不管是愛情、學業、事業、親情。如果我們覺得不開心，喝一點點酒讓自己早點入睡，也是一個不錯的方法。

不僅是酒，所有的食物，我們最好都不要過量，暴飲暴食對健康絕對是一個厲害的殺手。酒要少量，飯菜吃七、八分飽就夠了。零食是女孩肥胖的天敵，千萬不要吃太多，以免損害健康。

酒可以喝，只是不能過量，如果我們不喝酒，沒有人會逼我們喝酒。

把整理房間當成一種樂趣

每一週都要整理寢室，是許多人認為最煩人的一件事情。有時候為了應付，很多人只是把髒亂的東西扔進箱子裡，藏了起來，隨便的掃一下地板，蒙混了事，看起來的確比平時乾淨多了，可是只要過一天，一切又恢復原貌，該髒的地方一樣的髒，該亂的地方一點也不整齊。

抽一個時間，認真的把房間整理一下，把它當成一種樂趣，我們會發現真的有很大的不同，房間乾淨了，就連心情也清爽了。

打掃房間真的不是一件苦差事，還給我們一片乾淨明亮的世界是非常美好的感覺，誰也不願意在床頭找出一隻臭襪子，更不會想在抽屜裡逮到一隻小老鼠，如果有人可以在滿地的垃圾面前處若泰山，應該也可以立地成佛，這真是一項高難度的考驗。乾淨與髒亂是完全二種不同的感覺，沒有人會喜歡髒亂。

每天我們只要抽出幾分鐘的時間，甚至更少，就可以把我們的房間整理得乾乾淨淨。

生活的環境變好了，人的心情當然也就好了，學習起來就會輕鬆不少。也許我們隔一段時間，讓房間來一個大變身，效果會更好的。

不可否認，男生的寢室經常被冠上「狗窩」的稱號，只因為房間太亂、太髒。說不定當我們邀請自己喜歡的女生去自己「狗窩」做客的時候，女孩子就給你打了低分。

不管我們住的是狗窩還是金窩，把整理房間當成一種樂趣吧！讓我們的生活更整潔一點，給自己一個舒適的空間，讓自己的心情也清爽起來吧！

第八章：找到一輩子的朋友

朋友是我們一生的財富，朋友間的相互關心，相互理解，相互幫助，讓我們感受到溫暖，從此我們將不再孤單。找到一輩子的真心朋友，是多麼幸福的事啊！

俗話說：「酒肉朋友易找，真心朋友難尋。」並不是所有我們認識的人就稱得上是朋友，也不是一輩子都在身邊的那個人就是我們永遠的朋友。朋友是那個不管在何方，都真心掛念我們，有困難總會伸出援手的那個人，為了尋得這個人，我也要成為他或是她一生的朋友，真心的朋友。

找朋友其實就是找到另一個自己，我們要求朋友對我們的一生關心和忠心的時候，我們同樣也要一生忠於朋友，永遠關心我們的朋友。

在大學，我們慢慢脫去幼稚的外表，逐漸的成熟，我們再也不會因為一點小事而與自己的親密玩伴斷交，然後又在一群人的撮合下和好。我們開始思考，也在尋找與自己志同道合、臭味相投的人，經過不斷的磨合，經過不斷的肯定、否定、肯定，我們會發現誰才是我們真正的朋友。

交朋友要用心，要求別人付出的時候，想一想自己付出了什麼，找到一輩子的朋友，也做別人一輩子的朋友。

建立自己的人脈

人類是一個群居的社會，每個人都會有自己的生活方式，也會有自己的朋友。從大學開始，構築自己的人脈，我們會發現這將是我們人生中的另一筆財富，只是我們不要以此為目的去交朋友，這樣很不好。

小光很喜歡交朋友，人也很主動，可是大家都不太喜歡他，甚至有一點輕視他，認為小光太過於功利。原來，大家發現小光交朋友會帶有很大的目的，總是設法接近對自己將來工作或是學業有幫助的人，聽完客座與講座以後，不管講師願不願意，就衝上去自我推銷，場面經常弄得十分尷尬。其實，小光是一個不錯的人，可是由於這種「獻媚」的舉動，反而讓小光的朋友越來越少，主動接觸的人也很少與小光熟絡，讓小光感到十分的沮喪。

建立自己的人脈並沒有錯，大學以前，我們並不懂得如何維繫這段感情，友情也非常多變與脆弱。可是畢業之後，我們將踏入社會，與更多人交往，情況也將更複雜，人際關係永遠都是一門高深的藝術，在大學四年，我們有必要鍛鍊自己與人交往的能力，擴大自己的交際圈。

不管交什麼朋友，必須真心實意，如果一開始就帶有目的去接近別人，只怕永遠也交不到朋友。建立人脈，有很大部份需要互惠互利，可是我們只是一名學生，求人幫忙的那個人多半是我們自己，如果帶著目的去接近一個人，別人也不會把我們放在心上。交朋友也需要一點緣份，不要強求，但是要有真心，就會讓我們交到不少朋友，形成自己的朋友圈。

大家都說出門靠朋友，這句話一點也不假。工作之後的人都知道，相同學歷與經歷的人，面試同一個職位，勝出的一定是熟人介紹進來的。有時候，即使對方略勝一籌，也可以過關斬將。朋友往往可以為我們打開方便之門，可以幫我們掃除不少人生障礙。構築自己的人脈也是不可少的，人脈就是機會，人脈也是財富，同時也是互惠互利的。

在大學，我們也需要建立自己的人脈，我們可以用我們的真心、機智、特別，給別人留下一個好印象，用心的結交朋友。不過，我們可以選擇朋友，別人也可以選擇我們，不要帶有任何目的去接近別人，建立自己的人脈，真心交朋友，用心的擴大我們的朋友圈。

記得見過兩次以上的朋友的名字

朋友既然是人生的財富，我們當然希望自己的「財富」越多越好，可是如果我們總是記不住別人的名字，相信沒有人願意結交我們這樣不用心的朋友。戴爾‧卡內基曾經說：「**一種既簡單又最重要的獲取好感的方法，就是牢記別人的姓名。**」這一招真的很管用，這既是一種感情流露，也是一種基本禮貌，如果我們記得見過兩次以上的朋友的名字，就會使我們成為一個很受歡迎的人，朋友就會越來越多。

我們一定都看過不少成功人士的絕招，雖然大家僅僅只是商業上的夥伴，但是他們總會用心的記住別人的名字、生日、個人喜好，雖然這只是一些小細節，卻幫助他們取得成功、創造機會，同時也交到朋友。

想想看，如果一個只見我們一、二次的人，卻可以十分流利的叫出我們的名字，會是一件多麼令人高興的事情，也會讓我們覺得自己很重要，對此人的好感一定會大大加分。同樣的道理，如果我們走在校園中，有一個人熱情的與我們打招呼，並且叫出我們的名字，可是我們卻說不出他的名字，就算是她的外號也好。這是多麼令人尷尬的事情，也無疑給對方潑了一桶冷水，兩人之間的友誼也許會因此而進展緩慢，甚至凍結。

有許多人並不是不想記住對方的名字，許多時候由於第一次見面，別人介紹的時候由於某種原因，使得我們沒有聽清楚，或是聽錯對方的名字，可是由於第一次相識，讓我們不好意思再一次詢問對方的名字，當我們又相見的時候，就有可能忘記對方的名字，甚至是叫錯對方的名字，真的很不妥當。

我們其實不必不好意思，當我們第一次相識的時候，如果沒有聽清楚對方的名字，可以禮貌的告訴對方：「不好意思，我沒有聽清楚，請再說一次好嗎？」，甚至可以讓別人一個字一個字的告訴我們對方名字的寫法，就會讓我們牢牢的記住別人的名字，就會讓我們又多了一個朋友。

記得見過兩次以上的朋友的名字吧！會讓我們的朋友越來越多，也會讓朋友更喜歡我們！這個方法既簡單又實用。

享受為他人努力的幸福

很多人都在大喊：「為自己而活，活出精彩。」現在的社會壓力越來越大，壓得我們喘不過氣，感覺整天為了別人而忙碌，不僅失去自我，也覺得非常疲勞。其實，我們應該換一種思維方式：為他人努力，是一件幸福的事情。我們應該用心的體會，享受這種幸福。

我們可以為了自己的理想、興趣而活，卻不可能一個人單獨的活著，只要是活著的一天，我們就需要與別人打交道。其實，為他人努力，也是為自己努力。幫助別人，受益的不只是對方，還有我們自己。快樂和成就感，是對我們最好的報酬。

從前有一個人，死後去了地獄。他看見那裡的人們個個面黃肌瘦，餓得唉聲嘆氣。原來這群人都圍坐在一鍋粥前面，可是每個人的手上都拿著一把三公尺長的杓子，每個人拼命的把粥往嘴裡送，卻吃不到半點粥。

後來，他有機會到天堂參觀。他原本以為那裡的人個個錦衣玉食，沒想到只有一鍋粥擺在眾人面前，吃粥的杓子同樣有三公尺長，可是這裡的人卻是紅光滿面，沒有半點饑餓的神情。原來每個人都在相互餵食，有說有笑。

地獄與天堂的人並沒有區別，只是因為天堂的人相互幫助，願意為別人努力；地獄的人只懂得為自己著想，可是結果卻適得其反。其實，幫助別人，也是幫助自己。我們為他人努力，是一件幸福、快樂的事情。我們為他人努力的同時，也可以得到別人的認同與稱讚。

如果別人需要我們的幫忙，我們也有機會為別人努力，不要一副不情願的樣子，我們可以欣然接受，並且用心去做。享受這種為他人努力的幸福，會讓我們覺得自己很重要，會增強我們的自信心，我們也可以交到真心的朋友。人生最大的幸福，就是付出。最重要的是：我們為別人做事的時候，不要誇誇其談，盡自己最大努力就可以，否則就是在幫倒忙。

做洗衣機，不要做垃圾筒

洗衣機的作用是讓髒衣服變乾淨，垃圾筒的作用是收集垃圾。如果我們可以勤洗衣服，及時清理垃圾筒裡的髒東西，就會有一個乾淨、整潔的環境。

生活在這種環境中，人就會感覺舒服，可是如果我們總是在自己床上找到臭襪子，身上的衣服也是好幾天未換洗，可以把遠方的蒼蠅薰下來，一不小心就會踩到香蕉皮或是瓜子殼，垃圾筒裡更是傳出陣陣「濃香」，如果我們還可以面不改色，就沒有什麼事可以難倒我們。

同樣的，如果我們心裡藏了許多傷心事，肚子裡擠滿悶氣、怨氣、怒氣，又不及時的發洩、清理，如果任由它們在我們心中爛掉、發霉，只怕人永遠也笑不出來。

如果我們臉上隨時擺著一個苦瓜臉，別人看了我們也會避而遠之。我們的心情如同我們身邊的環境一樣，要時常的清理，及時的倒掉。

做洗衣機，不要做垃圾筒，我們不僅要做好個人衛生，還應該隨時清理心中的垃圾，有什麼煩惱千萬不要悶在心裡，讓自己隨時保持開心的笑容，不然，小心整個人都會長霉。

小琳最近很不開心，不過並不是她自己的原因，而是別人的困擾。小琳是一個熱心的人，人緣也特別好，朋友們有什麼不開心的事情，總喜歡和小琳傾訴，上一週也不知道怎麼回事，寢室的好姐妹竟然相繼失戀，整整一個星期，小琳都是在別人的哭泣與悲哀中度過，小琳又多愁善感，容易受到別人情緒的影響，雖然不能感同身受，體會好姐妹們失戀的痛苦，可是也讓小琳心裡總是悶悶不樂。

每個人總會遇到一些不開心的事情，愛情、友情、學業、親情，隨時會給我們出一些難題，這就是生活，向好朋友傾訴是好的，可以一吐為快，減輕心中的鬱悶。好朋友有難，我們也是義不容辭的分擔苦難，可是我們勸慰傷心人的同時，不要讓自己變成另一個傷心人，我們可以分擔別人的痛苦，但是不要接收他（她）的痛苦，否則只會讓自己鬱鬱寡歡，也不可能讓朋友忘掉一些不開心的事情。

如果我們自己遇到不開心的事，也不要往牛角尖裡鑽，忘記那些不開心的事情，讓自己振作起來吧！我們才會有精神，才有可能微笑的面對下一個困難，才有可能打敗困難，才有可能活得更開心與自信。

想想看，身上永遠穿著乾淨的衣服，生活的環境永遠整潔，人的心情就會好很多，做起事情也會精神抖擻，如果我們遇到困難，或是受到他人的影響，也不要忘記整理心情，輕鬆上陣，活出一個嶄新的自我。

做洗衣機，不要做垃圾筒，讓自己裡裡外外都清爽，給自己一個微笑吧！

少一些責怪，多一些讚美

沒有哪一個尖酸刻薄的人，可以交到許多朋友，同樣的，只懂得阿諛奉承的人，也交不到真心的朋友，交朋友最重要的就是用心。真心讚美一個人，是世間最廉價的禮物，也是世間最神奇的禮物。一句讚美的話，可以收到意想不到的效果，少一些責怪，多一些讚美，可以讓我們交到更多的朋友，也可以幫助別人重拾信心，更可以讓自己豁達開朗。

有一個小孩是私生子，從小就在別人的輕視與謾罵中長大，讓這個小孩不僅自卑還很叛逆，就連教授也懶得管他，成績當然很差。不過，他一點也不在乎，反而更自由。有一次，新來了一個老師，不瞭解他的情況，第一天就把搗蛋的小孩叫到辦公室，沒想到他不但不認錯，還和老師吵了起來，新老師正想發脾氣，這時，小孩的前任老師走了進來，見到這種情況，在紙上寫了二個英文單字給新教授看，就讓小孩回家了。

小孩把寫有單字的紙偷偷帶回家，問隔壁的阿姨那是什麼意思，原來那張紙上寫著：

「love child」。只見這位阿姨開心的抱著小孩說：「教授在誇獎你，你在學校的表現一定很好，不然老師不會給你如此高的評價，『love child』的意思就是可愛的孩子。」

小孩聽了以後，感到很後悔，覺得太對不起自己的老師，自己如此的調皮，沒想到老師仍然關心自己。從此，這個小孩一改從前的態度，不僅主動向老師道歉，還開始用功學習，最終成為一名品學兼優的好學生，雖然後來他才知道「love child」是私生子的意思，但是他仍然堅信自己是一個可愛的人。

一句讚美的話，有時可以改變一個人的一生，好心的阿姨給了小孩努力的動力。一句真心的讚美，是人間最美麗、動聽的語言。

我們每個人都希望自己是一個優秀的人，是一個討人喜歡的人，也喜歡聽到別人的讚美，那是對我們能力與為人的肯定，同時也督促我們做得更好，讓別人知道他並沒有看錯人。可是如果我們是一個尖酸刻薄的人，對別人的錯誤嚴厲苛責，不留半點餘地，就算是一個十分完美的人，也沒有人會買我們的帳，更不可能有半點讚美之詞。如果我們將來事業有成，也許會聽到不少好話，不過那只是奉承，說不定轉身罵得更難聽，滿足的只是我們的虛榮。讚美之詞應該是發自內心的稱讚，對別人少一些責怪，多一些真心讚美，是我們贏得人心、交到朋友的法寶。

我們不要胡亂的稱讚，別人明明膚黑體胖，硬要說成肌膚如雪、體態輕盈，這不是讚美，反而像是挖苦，也不要明明知道那是一件錯誤的事情，還拼命的稱讚，不僅讓我們變成一個虛偽的人，也誤導別人犯錯，讓別人永遠不知道悔改。

賀拉斯曾經說：「應該在背地裡告誡你的朋友，而在公開場合讚揚他。」這樣做對我們和我們的朋友都有好處，還可以幫助我們交到更多的朋友。少一些責怪，多一些讚美，充滿愛的人生會更美、更溫馨！真心的讚美我們的家人、朋友，和周圍所有的人吧！

珍惜別人的禮物

從小到大，我們會收到各式各樣的禮物，有親人送的，朋友送的，戀人送的，說不定還有陌生人送的。可是看看我們的收藏櫃，裡面還有幾件禮物呢？那些禮物是否仍然完好呢？其實，不管禮物的貴重，一份禮物就是一份真情，珍惜別人的禮物的同時，也是珍惜這份感情，這份禮物是感情的聯繫。

有一個和禮物有關的故事。在大學，一個男孩和一個女孩真心的相愛。在女孩生日的那一天，男孩送了一個不倒翁給這個女孩，並且對她說：「它代表我對你的感情，永遠不會倒下去。」這個不倒翁很可愛，不管怎麼推它，它都不會倒下去。向左、向右、向前、向後，或是把它的頭壓在桌子上，再鬆開手，它還是會彈起來。有一天，女孩好奇的把不倒翁拆開，想知道不倒翁的不會倒下的秘密，原來不倒翁的底座有一塊厚厚的金屬片，取出來以後，不倒翁再也站不起來。

後來，女孩和男孩分手，又談了幾次戀愛，覺得還是那個男孩對自己最好，決定回到他的身邊。可是這個男孩卻堅定的拒絕她：「你沒有好好珍惜那個不倒翁，只有相互珍惜，它才會永遠不倒！」

只有懂得珍惜的感情才會長久，同樣的，我們也要好好珍惜別人送給我們的禮物。不管別人送給我們什麼禮物，都應該滿心歡喜。大家都說：「禮物雖然輕薄，卻代表送禮人的一片心意。」這是對他人感情的一種肯定，也是個人的禮貌問題。

禮物是感情的流露，不管大小貴重，都要珍惜。如果別人知道我們一直好好的保存他（她）送的禮物，一定會十分開心，更肯定他（她）在我們心中的地位，感情也會更牢固。我們不僅要珍惜別人送的禮物，也要經常送別人禮物。就算不花錢，自己親手做的禮物，也可以打動別人的心。讓我們的朋友與親人更開心，也讓他們明白，我們心中有情。

只有珍惜，才可以讓「不倒翁」永遠不倒，猶如我們的感情，記得珍惜別人的禮物。

放假和同學一起回家

放假了，心情就如窗外的陽光一樣，燦爛無比，歸家的心情如箭一般，一發不可收拾，如果有順路的同學，不妨一起回家。相同的年紀，共同的旅程，在一起一定有聊不完的話題，會讓回家的旅程更快樂，坐車的時間也更容易打發，還可以相互照顧。如果遠方的同學邀請我們去他家玩，到我們從未去過的地方，請不要拒絕這番好意，這是一個絕好的機會。

妮妮從來不拒絕這樣的邀請，自從第一次和同學一起回家，妮妮就愛上這種旅行方式。妮妮從小生活在大城市，大一的時候，由於一個玩笑，妮妮陪同靜宜一起回家，靜宜的家在東部一個偏遠的小農村，風景十分的秀麗。

妮妮發現這種旅行方式真的很棒，感覺十分的新奇，可以遇到不少有趣的人和事，和靜宜家人的相處也十分融洽，體驗到百分之百的田園生活，跟平時與家人或是跟團旅行的感覺完全不同，經過這幾天的朝夕相處，和靜宜的感情更深了。

如果有同學邀請我們一起回家，這真是一件值得高興的事情，不僅可以領略不同地方的民俗與風景，接觸到不同的人，更說明我們是一個令人喜歡的人，不然，別人不會邀請我們去他家裡做客。這種近距離的接觸，對友誼的發展更是產生催化的作用。同時，這還是非常省錢的旅行方式，沒有父母陪同的旅行，可以讓我們更快的成長，也非常的安全，真的很適合我們。

我們也可以邀請別的同學到自己家裡玩，我們的父母也會十分願意。當然，事先最好通知家人，如果我們假期去同學家裡，也不要忘記打電話回家，給家人報平安。不要玩到假期結束直接去學校，父母一定會想念我們，還是要留一些時間與家人團聚。

享受一群人一起看球的快樂

很多人都喜歡體育活動，也喜歡坐在電視機前，觀賞精彩的比賽實況。如果是這樣，最好是一群人坐在一起觀賞，這樣會更有氣氛，也會更熱鬧、快樂。

雖然我們不能親臨現場，可是邀請一大群朋友，準備一點零食與啤酒，坐在電視機前為自己喜歡的球隊加油，也是別有一番滋味。看著自己喜歡的球星與球隊，通過重重的包圍，驚險的場面真的讓人激動。和同學一起加油、歡呼，心中的感覺就是痛快！

但是，不要太偏激！不管有多興奮或是多傷心，我們也要克制自己。如果在深夜時分，要放低聲音，以免吵到別人休息。儘量不要熬夜，以免影響明天的學習。當然，如果是週末，不要太苛刻自己，可以適當放寬時間，只是不能太瘋狂。由於現代通訊的發達，我們每天都可以看到世界各地重大的比賽實況，我們不用守著體育頻道，必須有選擇的觀看，不要影響學習。

不僅僅是足球、籃球、撞球，只要是我們喜歡的體育項目，約幾個志同道合的朋友，守在電視機前，盡情的享受這種樂趣，這樣會讓快樂加倍。

在若干年以後，如果回憶起當年在大學和一群人一起看球，仍然會興奮不已，因為工作以後，這種聚會少之又少。

享受一群人一起看球的快樂，這種感覺真的很棒！

交到可以半夜訴苦的朋友

大學生活有時候一點也不輕鬆，壓力還是很大。現在的我們，不可能遇到一點挫折就打電話回家，也有許多煩惱不願意讓家人知道，更不願意讓身邊的朋友看到自己脆弱的一面，這個時候如果有一個可以打電話訴苦的朋友，就可以幫我們減輕不少痛苦。

好久沒有經歷黑色週末的感覺，可是這個星期小茹的心情卻跌至谷底，不知道怎麼搞的，這次對大家相當重要的考試，寢室的室友們竟然全軍覆沒，小茹也在其中。一進寢室就有一種壓抑的感覺，寢室所有的人都悶悶不樂，更要命的是，小茹的男友竟然提出分手，雙重的打擊快讓小茹崩潰了。小茹很想大哭一場，把痛苦全部倒出來，可是看到寢室眾姐妹悲哀的神情，小茹打消了這個念頭。幸好，小茹有一個很要好的朋友，就算半夜打電話訴苦，對方也不會有半點怨言，多虧這個朋友的勸慰，小茹總算度過那段傷心的日子。

朋友在我們生命中真的很重要，朋友也分許多種，可以半夜打擾的朋友更是難能可貴，如果我們一生中可以交到一個這樣的朋友，就應該非常滿足。

也許我們正遭遇人生的第一次失戀；也許我們正遭遇別人的誤解，有苦說不出……生活中，有太多的難言之隱、有許多傷痛不想對身邊的人或是親人訴說，可是憋在心裡又特別難受，這個時候，半夜打電話給自己最信得過的朋友，躲在無人的地方，失聲的痛哭、盡情的發洩，聽著對方輕聲細語的安慰，或是溫馨的小笑話，痛苦似乎一下子就減輕不少。

不過，我們千萬不要遇到一點芝麻蒜皮的小事就去打擾別人，可以自己解決的事情盡量自己一個人解決，不然我們會變得更脆弱、更依賴別人。我們交到這樣的朋友的時候，一定要好好珍惜，自己可以半夜打擾對方，別人遇到困難的時候，也可以打電話對我們哭訴，只有真心的對待自己的朋友，友情才會更深、更長久。

這個朋友可以是我們從小一起玩到大的好夥伴，也可以是在大學中交到的朋友，甚至是網路上認識的朋友，只要二人投緣，真心真意，有一個可以半夜哭訴的朋友，將是一件令人感到幸福的事情。

如果我們至今還沒有這樣的朋友，想想自己可不可以在半夜，毫無怨言的聽某個人的哭訴，可不可以耐心的勸解。如果答案是肯定的，我們就一定能交到一個可以半夜哭訴的朋友。

和不同的朋友一起吃飯，也和固定的朋友一起吃飯

很多人都認為在飯桌上是認識朋友的好場地，也是一個溫馨場景。的確，吃著美味的佳餚，天馬行空的聊天，真是一種享受。不僅可以加深朋友之間的友情，還可以輕鬆的結交新朋友。和不同的朋友一起吃飯，也和固定的朋友一起吃飯，可以讓我們得到更多的朋友。

據說，在飯桌上，更容易得到放鬆。由於不停的咀嚼，人的臉部表情比平時更柔和。在美食面前，人也會更容易快樂、滿足。經常與固定朋友一起吃飯，在這種和諧的環境中，友情會更牢固。和不同的朋友一起吃飯，聊著不同的話題，可以更好的調劑生活。

不過，不要過於頻繁的和朋友一起吃飯。因為和朋友一起吃飯，勢必要有更多的話題，時間就會不知不覺的流失。和朋友分手以後，還會長時間的沉浸在這種快樂當中，需要花更多的時間集中精力，如果次數太多，還會影響學習。

我們可以適當的抽出一些時間，最好還在週末，約自己的朋友，一起聊天、聚餐。不管是和固定的朋友，還是不同的朋友，一定可以讓我們心情愉快、胃口大增。友情會在吃飯的

過程中，慢慢的加溫。

友情的維繫，有時候需要時常的見面。和不同的朋友一起吃飯，和固定的朋友一起吃飯，可以讓我們的友誼更親密，還可以讓我們的消息更靈通。

如果我們有好幾個月沒有和朋友一起聚餐，就在這個週末把朋友約出來吧！點幾道自己最喜歡的菜，也為朋友點幾道他們最喜歡吃的菜。

第九章：戀愛必修課

初戀都是美好的，也許男女主角並不是王子與公主，但是他們的心純真無邪，心中沒有任何的雜念與私心，更沒有世俗的眼光，所有的一切只因為愛，所做的一切雖然幼稚生疏，但是卻真誠，永遠都是跟著感覺走，全心全意的付出，純真是人世間最寶貴的感情，每個人都渴求得到它。

生命誠可貴，愛情價更高，不知道多少人會同意這樣的觀點：愛情比生命更重要。只是愛情有如佛家的禪，不可說，不可說，可以說清楚的就不叫愛情。在大學，如果有這樣的緣份，最好嘗試一下愛情的滋味，不管結局如何，這門愛情的必修課都需要我們親自體會。

初懂愛情，那顆心如一顆透明的玻璃球，單純而且聖潔。可是一旦進入社會，在七情六欲的支配下，這顆玻璃球也會變得五顏六色，就連愛情也不那麼單純。

愛情的速食化、多樣化，讓人對愛情產生恐懼，越來越多的人寧願遊戲人間、醉生夢死，周旋在不同的女子和男人之間，因為怕自己受傷，也有人想「擇優錄取」。

愛情在任何時候都是美麗的，只是人們越來越喜歡打扮愛情，讓它不再簡單。越來越多的附加物，讓愛情失去原來的面貌，所有的一切，只因為生活離不開柴、米、油、鹽，人們用錢來衡量你能力的同時，也用錢來衡量你的愛情觀。只是在衡量的同時，愛情有可能商品化。

相信愛情，心懷希望

現在許多人都不相信愛情，對它充滿懷疑，認為在這個物質的社會中，真愛已經沒有了。面對這種情況，許多人都開始把愛情當成一場遊戲，這不僅是對別人的不負責，也是對自己的不負責，我們應該相信愛情，心懷希望。

有一種娃娃，它的頭部裝滿了種子，只要天天給它澆水，不久就可以長出嫩綠的青草，大夥都叫它草娃娃。有一天，母親帶著自己的孩子經過商店的時候，孩子硬要母親買一個草娃娃，可是回家澆了好多天的水，仍然沒有一根小草發芽。這時，大家都說一定遇到了騙子，紛紛把買回來的草娃娃扔掉，只有那個小孩不肯放棄。

又過了一週，這位母親聽到孩子欣喜若狂的叫聲，草娃娃真的發芽了，雖然只有稀疏的幾棵嫩芽，在陽下光仍然是那樣的光彩奪目，只聽見那個孩子叫嚷著：「我就知道它一定會發芽，它真的發芽了！」

許多人都嚮往真愛，可是卻不願意相信這個世界上存在著真愛，這樣的心態真的很難找到真正的愛情。就如那個草娃娃，只有我們心中充滿希望，認真的對待，它才有可能發芽，如果急於求成，根本不抱希望，我們也沒有耐心等到它發芽的那一天。愛情同樣需要耐心的等待與真心的付出，不要讓自己失去希望。

試想，如果連我們自己都不相信愛情，一定不會認真的對待自己的愛情，也不肯真心的付出，同樣的，對方也會把心關得緊緊的。如此下去，就算有真感情，也會讓這段感情過早的夭折，親手葬送自己的愛情。

只有相信愛情，真心的付出，我們才有可能找到真愛，也許我們會遭受不少的失望與挫折，甚至背叛與傷害，只要我們不要放棄，心懷希望，愛情就離我們不遠了。愛可以讓我們感到快樂，愛可以讓我們充滿勇氣，愛可以為我們指明方向，愛還可以給我們動力，愛更可以讓我們成長，認識生活。不要懷疑愛的存在，相信自己的愛人，也相信愛情，用心營造自己的愛情，才可以讓我們找到真愛，體會愛的滋味。

如果想找到真愛，就相信愛情吧！心懷希望，真心的付出，總有一天會讓我們找到屬於自己的永恆愛情。

保持自己的空白，等待對的人出現

有一個朋友，喜歡胡說歪理，他說人生有四大悲是：「久旱逢甘霖，一滴；他鄉遇故知，債主；洞房花燭夜，隔壁；金榜題名時，做夢。」想想還挺有道理的，不過覺得還應該加上一悲：一見鍾情二情相悅，已婚。

就算我們仍然未婚，僅僅只是有男女朋友，卻又發現真正愛的人另有其人，雖然可以重新選擇，不過還是會留下遺憾。在大學裡談一場純粹的愛情，雖然可以讓人終生難忘，但是我們也不能為了戀愛而戀愛，應該保持自己的空白，等待對的人出現。

大學是戀愛的溫床，一個眼神，一個微笑，甚至是一個誤會，就有可能產生一段感情。一起看電影，一起晚自習，就有可能產生戀愛的感覺，在眾人的起鬨聲中，馬上就陷入熱戀，不知道我們有沒有靜下心來仔細想想，那個人真的是自己一直等待的人嗎？

如果我們在感情上草率行事，戀愛後卻發現找錯人，就不會認真的對待這份感情，結局就可想而知，只是憑空多了二個傷心的人，也會讓我們散失尋找真愛的勇氣，戀愛次數多了，心也累了。如果這個時候適合我們的愛人終於出現了，可是自己身邊卻已經有戀人，分手而重新來過，一定會讓對方心有顧忌，不分手又會心有不甘，更不會真心付出。這個時候，傷心又成了三人行，如果我們希望自己的愛情少一點缺陷與遺憾，多一點真心與感動，最好保持自己的空白，等待對的人出現。

芸芸眾生，我們怎麼知道那個人是不是自己應該等的人？不相處又怎麼能知道她（他）是否就是對的人？的確，只有透過接觸，我們才可以慢慢的瞭解一個人，可是相處並不等於就要我們馬上成雙成對，我們可以先成為朋友，順其自然就可以。愛情是一種很奇妙的東西，僅憑心跳或是眼神，我們就知道自己是否喜歡那個人，可是愛情並不是透明的，有時候還會上自己的當，心跳的感覺也不完全是百分之百的正確，也許今天我們發現自己心動了，說不定明天這種感覺就沒有了，給自己多一點時間，多一點瞭解，少一點衝動。

保持自己的空白，等待對的人出現，這個對的人並不一定是最優秀的，也不一定是最美麗的，而是要最適合自己的，因為適合自己的才是最好的，感情才會更長久。

保持自己的空白，等待對的人出現吧！讓自己的愛情更完美一些吧！

愛了，就要告訴她

我們找到心儀的對象的時候，不要忘了大聲的向她表白，三個字：我愛你。這三個字包含了一切，愛了，就要告訴她。

阿健是一個內向的人，不但害羞而且又不幽默，但是他卻做了一件幽默的事，一件讓大夥一想起來就會笑個不停的事。

剛進入大學，阿健就喜歡上數學系的一個女生，好幾個月過去了，卻從未降過溫，總是想表白，卻一直鼓不起勇氣。在他那群死黨的教唆下，終於開竅了，寫了一封熱情洋溢的信。

有一天，阿健和死黨去學校餐廳吃飯，正好碰到那個女生，死黨在一旁擠眉弄眼，還狠狠的踢了阿健一腳，阿健才滿臉通紅的把放在口袋好久的情書塞給對方。

飯還沒吃完，那個女生就主動過來了，對著阿健笑得很甜，死黨事後還說那個笑容差點沒把阿健的魂給勾走。只見女生原封不動的把「情書」又遞了過來，禮貌的對阿健說：「這位同學謝謝你，不過我不缺錢。」原來阿健剛才太緊張了，錯把鈔票當成情書。

不久，聽說那個女生交了男朋友，可惜幸運兒不是阿健，那個女生也許永遠不會知道曾經有另外一個男生苦苦的愛了她好久，這也成為阿健最遺憾的事情。

不管對方接不接受我們的愛，如果愛了就要告訴她，大膽的說出來，沒有人會笑我們。每個人都有愛的權力，就算被拒絕了，表白了，也算了卻自己的一樁心事，最起碼對得起自己。

如果說仍然未對所愛的人表白，沒有講出「I LOVE YOU」這三個字，是時候行動了，不要怕會遭到拒絕，不說出來又怎麼知道對方的態度，也許那就是我們一直在等待的人，或是已經公開了戀愛關係，但是從來沒有向對方說出那三個字，可要好好的檢討。對心愛的人說愛，應該不難。

愛了，就告訴她吧！

暗戀是自己的事

愛一個人就要大膽說出來，可是如果我們仍然沒有做好心裡準備，或是二人真的不可能在一起，那就把這份感情好好的隱藏起來，獨自體會這份苦澀的愛，暗戀是自己的事。

不少人都有過暗戀的經歷，明明非常喜歡，卻要裝作若無其事，明明非常關心，卻要裝作漠不關心，明明非常思念，卻要裝作毫無牽掛，可是目光卻不由自主的跟著對方的身影移動，知道她什麼時候笑了，當她皺起眉頭的時候，心也跟著緊張起來，知道她每節課的安排，也知道她什麼時候去圖書館，對她的喜好更是瞭若指掌。可是見面的時候，除了禮貌性的點頭，說不定還會硬著心腸與之作對，這就是暗戀的滋味，錯綜複雜、矛盾萬分，但是仍然有一種幸福的感覺，暗戀的滋味其實很美。

小芸喜歡上助教，一個年輕有為的教授，不過小芸知道二人永遠不可能有結果，因為年輕的助教早已經結婚，並且有一個十分相愛的妻子，小芸只好把這份愛深深的埋藏在自己的心裡，沒有對任何人提起過，偶爾有機會與助教單獨相處，小芸也總是掩飾得很好，因為她不想給自己心愛的人帶來不必要的麻煩與困惑，小芸一直認為暗戀是自己一個人的事，雖然很苦，但是也有幸福，小芸深信總有一天會遇到一個可以大膽表白的愛人。

有時候，我們不能控制自己的感情，可是如果因為我們的愛會給對方帶來麻煩甚至痛苦，就好好的收藏起這種感情吧！最好任何人都不要透露。暗戀很美，也是我們自己一個人的事情，也許對方早已經成雙成對，或是對方是已婚的身份，又或是我們僅僅只是喜歡，並不能肯定對方，更不能肯定自己，別聲張，愛一個就真心為一個人好，我們有權力愛任何一個人，也可以偷偷的暗戀對方。

可是，如果僅僅只是自己害羞與膽小，說不定對方早已經暗示，正在等著我們的告白，那就沒必要暗戀，該愛的時候，還是應該大膽一點。

暗戀是一種幸福的寂寞，也是自己一個人的事。

不要糾纏在曖昧的朋友關係中

曖昧的關係也就是含糊、不明確的關係，有些人經常說自己與某人的關係比朋友多一點，又比戀人少一點，是難得的紅粉知已，可是如果糾纏在這種曖昧的朋友關係中，很有可能給自己的戀情帶來阻礙，甚至會失去自己的戀人，我們最好不要糾纏在曖昧不明的朋友關係中。

有許多人和自己的戀人分手了，並不是因為二人不再相愛，而是因為他或是她的身邊多了一個曖昧的朋友。

愛情是自私的，更容不得半粒沙子，誰也不願意與別人分享這份感情，哪怕只是有可能，並沒有成為事實，心裡也會不踏實。如果我們的戀人有一個關係曖昧的朋友，這會讓我們心情緊張，甚至疑神疑鬼，很有可能爭吵就這樣開始了，這只會傷害二人之間的感情，加深戀人之間的不信任。不管是男生還是女生，我們都有責任讓自己的戀人感到安全，也有責任細心的維護這段感情。

有一個關係曖昧的朋友，就如同隨身帶著一個手榴彈，一不留神就會引起爆炸，到時候後悔就來不及了，如果因為這種關係而斷送自己的戀情，真的很可惜。

不要糾纏在曖昧的朋友關係中，也沒有必要與之斷絕關係，這樣做並不明智。如果對方心裡仍然抱有一點希望，就明確的告訴對方，心裡只有自己的戀人，再也容不下第二人，態度要委婉一點，畢竟二人是朋友，並且要盡量避免二人獨處的機會，可以把自己的女（男）朋友介紹給對方。如果是我們自己的心裡仍然有一點點放不下，就要好好檢討，問問自己究竟愛誰，愛情永遠都只能是兩個人的事。

可是如果二人都沒有男女朋友，只是沒有人挑明關係，就不用這樣含含糊糊的，前提是兩個人是真心相愛，總之，讓關係明確，對誰都好。

不要糾纏在曖昧不明的朋友關係中，給自己減少不必要的麻煩吧！

不要介入兩情相悅的感情

愛情不分先後，每個人都可以公平競爭，可是如果為了自己的愛情，拆散一對相愛的戀人，就有一點自私，也非常的不應該，不要介入兩情相悅的感情中，會讓自己更開心一點。

大家都說阿成的女朋友是搶來的，因為阿成追這個女孩的時候，她身邊早就有了男朋友，並且二人十分的相愛。可是阿成仍然堅持自己的感情，每天一束鮮花，一封情書……用盡所有討女孩子歡心的辦法，苦苦追了好久，雖然最終贏得勝利，成為女孩的新任男朋友，可是過沒多久，阿成就不再肯定當初自己的堅持。因為阿成發現女孩心中總是充滿歉疚，就連自己心中也有些許的不安，女友越來越喜歡皺眉頭了。

愛情有時候非常的脆弱，並不是每一份愛情都經得起考驗。也許是那份新鮮與好奇，或是某些誘惑，又或是一些誤會，使得原本相愛的戀人分手，可是並不是戀人分手以後，他們之間的感情就徹底消失了，也許與新的戀人相處以後，才會發現真正喜歡的仍然是原來的那一個，完全是自己的一時衝動，並不是真正喜歡現在的戀人，並且當中總會有人感到內疚，也總會有人傷心。不管情況如何、結局如何，三人的心無法做到真正的平靜，接下來的愛情就更容易破碎。

如果我們喜歡上別人的戀人，想介入兩情相悅的感情中，還是趁早取消這種想法，兩情相悅的感情是十分難得的，真的不應該拆散，不僅給自己帶來煩惱，也給別人帶來麻煩。就算最後我們成功了，憂愁也會跟著來。我們應該克制自己的情感，不要介入其中，可以選擇放棄還是等待，或是讓暗戀成為自己一個人的事，這樣可以減少三個人的煩惱，或許不久我們會迎來真正心愛的人。

切記：就算是偷偷喜歡，也不要介入兩情相悅的感情中。

分享朋友的戀愛，但是不要插手

很有可能，朋友的愛情我們也參與了，幫他們出謀獻策，幫他們互傳消息，甚至還當過他們的電燈泡，經過不懈的努力，終於看到二人在一起。君子有成人之美，可以為朋友的幸福而奔走，是一件多麼令人高興的事情。這個時候，我們可以功成身退，分享朋友戀愛的同時，千萬不要再插手，他們戀愛的時候，我們旁觀就足夠了。

莎莎萬萬也沒想到，好友小琳竟然會和自己翻臉，原來小琳新交了一個男朋友，由於小琳的新男友非常出色，還特別有女人緣，看著好友小琳緊皺的眉頭，莎莎只好答應小琳的請求，幫忙試探其男友的忠心，經過幾個回合的惡戰，小琳總算明白男友的心意，可是當男友知道小琳有心試探自己的時候，就生氣的和小琳分手，莎莎看著好友傷心的樣子，感到很內疚，可是沒有想到小琳卻把矛頭指向自己，讓莎莎真是哭笑不得，後悔淌了這趟渾水。

插手朋友的戀情，真的是在淌渾水，相信大家都有過這樣的經歷，今天才接到朋友哭訴的電話，口口聲聲說要與戀人分手，說不定明天就會看到二人又成雙成對。愛情本來就不可理喻，不過愛情永遠都是二個人的事情，戀愛中的人多多少少都會略帶神經質，外人最好不要插手，更不要出什麼鬼主意，搞不好會弄巧成拙，到時候真是有苦說不出，有時候連朋友都沒得做了。

許多人都會責怪自己的朋友重色輕友，其實沒有這個必要，不重色輕友的人似乎很少，我們戀愛的時候就可以明白其中的滋味，也不要為朋友打抱不平，認為好友的戀人太過霸道，或是認為好友找那樣的伴侶真是吃了大虧，這樣做和多管閒事有異曲同工的效果，戀人好不好、適不適合，不是旁人可以說得清楚的事，說不定別人就是喜歡自己戀人的那種蠻橫或是柔弱的性格，這如同穿鞋一樣，到底合不合腳、舒服不舒服，只有當事人知道，戀人之間的事情如果可以用尋常尺度來衡量，那才叫奇怪。

戀愛不需要別人的插手，享受朋友戀情的同時，不要再多此一舉，當一個合格的旁觀者吧！

不要為了取暖而談戀愛

走進大學，在小道上、樹林旁，總是可以看到成雙成對的俊男美女，他們手牽著手，肩靠著肩，眼裡充滿喜悅與濃情，真是羨煞旁人。看著別人幸福的樣子，想想在自己仍然是獨身一人，總會勾起我們想戀愛的衝動。戀愛真的是一件非常美妙的事情，沒有人願意孤獨一身，可是我們不能僅僅因為寂寞而戀愛，為了取暖而戀愛非常的不明智，也是一個極不負責的舉動。

雅芬看著寢室姐妹一個個都找到情人，每到週末，寢室彷彿變成雅芬一個人的專屬地，每當大家在寢室聊天的時候，眾姐妹總會甜蜜的講起自己的浪漫故事，雅芬就會感覺心裡特別的酸，大夥經常開玩笑問雅芬什麼時候把自己推銷出去的時候，雅芬真的想找一個地洞鑽進去。隔壁班的一個男生向雅芬發動追求攻勢的時候，雅芬沒有做任何考慮就點頭答應，雖然男生對雅芬非常的體貼，可是雅芬總是感覺二人的感情不如想像中的好，甚至有一點後悔當初的草率。

我們當中有不少人都是因為寂寞、空虛而談情說愛，這樣做往往會讓自己更寂寞、更空虛，甚至後悔不已。如果這個時候我們真正愛的人出現了，一定會讓我們後悔，不管是選擇離開還是留下，總會有人受到傷害。為了取暖而戀愛，並不能溫暖我們的心，更不可能溫暖對方的心，還很有可能會傷害到對方與自己，這樣做是對感情的輕視與不負責。

如果因為取暖而戀愛，這不是真正的愛情，也不可能全心的付出，感情中有了虛假的成份，很快就會變質，就算不分手，也只是因為習慣而促使二人在一起，只為了取暖而戀愛，最多只能稱為「湊對」。

我們不要羨慕別人成雙成對，也不要傷心在情人節沒有收到禮物，更不要心急的把自己的玫瑰送出去，愛情需要緣份，多一點耐心與理智。如果隨便出擊，有可能就會後悔，只有等到對的人出現，我們才可以完全體會到戀愛的滋味。

耐心一點，成熟一點，不要為了取暖而戀愛，更不要因此錯過我們真正愛的人。

有可以分享生活感受的異性朋友

上帝從沉睡的亞當身上抽出一根肋骨，創造出夏娃的時候，就註定男人與女人之間的不同，不只是生理上的，還有心理上的不同，不僅僅是外表上的不同，還有內心的不同。男人粗獷，女人柔情，雖然二者之間有如此多的不同，可是有男人和女人的地方，就會有愛情的產生，如果想讓自己的愛情更順利、更完美，我們需要站在對方的立場與心態上多加考慮。如果有一個可以分享生活感受的異性朋友，可以為我們指點不少迷津，讓我們的生活與愛情更甜美。

娜娜與男友吵架了，吵架的導火線只是一根香煙。娜娜的男友平時很少抽煙，為了男友的身體，娜娜也盡量阻止男友抽煙。男友帶著娜娜參加朋友的聚會，男友從友人手中接過一根煙的時候，娜娜習慣性的幫男友擋了回去，雖然男友並沒有表示什麼，可是戰爭卻從那一天開始，這讓娜娜十分的傷心，因為自己所做的一切，都是了為男友的身體著想，卻沒想到竟然遭到對方的責怪。

在好友的開導下，娜娜才明白男女有別。原來，男友在生氣娜娜在朋友面前沒有給自己留面子，娜娜找男友靜下心來談了一次，終於和好如初，從此兩人有什麼爭吵與異議，總會事先站在對方的立場上思考一番，感情當然是越來越好。

每個人的世界觀與人生觀都有所不同，男人與女人看待同一件事的態度上，有時可以說得上是南轅北轍，我們認為好的事情，我們的戀人或是朋友也許會認為一點也不好，特別是戀人之間，總會有許多的摩擦，並沒有對錯可言，如果我們能有一位可以分享生活的異性朋友，多與他（她）交流，設身處地的站在對方的感受與習慣上考慮，就會讓我們的戀情與生活更完美，減少不必要的爭吵。

這個可以與我們分享生活感受的異性朋友，必定與我們情趣相投、友情深厚，可以毫不顧忌的向她（他）透露心中的秘密，只是不要讓二人的關係陷入曖昧之中，不然麻煩就會隨之而來，好好珍惜難得的友情吧！

找一個可以與我們分享生活感受的異性朋友，堅信男女之間也有純粹的友誼。

對待喜歡你的人，要溫柔一點

席慕容曾經說：「**在年輕的時候，如果愛上一個人，請你一定要溫柔的對待他，不管你們相愛的時間有多長或多短。**」

看了這段文字，很感動，也很感慨，甚至有一點傷心。

我們不僅要溫柔的對待我們喜歡的人，也應該溫柔的對待喜歡我們的人。真正喜歡我們的人，才會真正的關心我們，如果我們行為不當，會傷害到的人，就是身邊這些喜歡我們的人。

也許我們年輕氣盛，也許我們心高氣傲，可是我們還是應該懂得珍惜身邊的人，不管我們是否接受對方的愛，別人喜歡我們，真心對我們好，我們就應該溫柔一點，盡量不要傷害別人。

眼前這位漂亮的女生當著眾人的面扔掉俊明的玫瑰花，並且毫不留情的挖苦、奚落俊明的時候，俊明覺得自己的心都快碎了，傷口一點點的裂開，不明白愛一個人為什麼會這麼難，更不明白眼前這位女生，為什麼會如此殘忍的對待喜歡她的人。

俊明才想起自己也曾經拒絕一位女孩的愛意，當時的態度也是十分的堅決與冷酷，直到現在俊明才感同身受，明白當時那個含淚而去的女孩眼中的絕望與傷心。現在俊明十分的後悔當初的行為，可惜傷口好了，永遠都會留下疤痕。

的確，如果喜歡上某人，此人的一言一行都會對自己有所影響，快樂會加倍，傷痛同樣會加倍。一個真心喜歡我們的人，不管我們感情到底歸屬何處，對待喜歡我們的人，一定要溫柔一點，再溫柔一點，不要讓自己留下遺憾，更不要在覺醒的時候，已經形同陌路，不管是我們喜歡或是喜歡我們的人，我們都應該懂得珍惜。

不僅僅在愛情方面，在友情與親情方面，同樣要懂得珍惜，特別是對待自己的家人，不要以為對我們好是他們天經地義的責任，如果真的是那樣，我們對他們好同樣也是天經地義。認真對待每一份感情吧！珍惜身邊所有的人，懂得珍惜別人，別人才有可能珍惜我們。

對待喜歡我們的人，要溫柔一點，再溫柔一點，更溫柔一點。

第十章：成功的習慣

習慣是我們在平常生活中，不自覺的重複某種動作或是話語而養成的言行舉止，這種習慣從某種意義上，決定了我們的人生。現實生活中，沒有哪一個人好吃懶做、無所事事，還可以取得成功，雖然有不少有錢人都有好吃懶做的習慣，可是這並不叫成功，也許他們運氣好中了大獎，或是有祖業，並且錢的多少和成功並不能相提並論。只有經過我們不懈的努力，達到我們預想的目標與理想，才叫做成功。

不要以為我們平時的小動作、小習慣無關重要，成功就靠我們點點滴滴的累積。養成良好的習慣有助於我們達到成功，不好的習慣往往會讓我們功虧一簣，甚至是致命的打擊。

從前有一對父子，每天都趕著家裡的那頭牛去趕集，每當經過拐彎處，兒子都不會忘記提醒父親小心趕車：「爹，小心啊，要轉彎了！」在父親嫻熟的駕車技術下，那頭牛也乖乖的轉彎。有一次，由於父親身體不適，兒子只好一人趕著牛車，可是在轉彎處，不管怎麼打、怎麼罵，那頭牛就是不動，氣得兒子只叫爹，可是沒想到當這頭牛聽到爹這個字的時候，竟然自己轉彎了，讓小伙子哭笑不得，後來大家才發現每到轉彎處如果不對這頭牛叫一聲爹，這頭牛就不太聽話，兒子經常開玩笑說自己有二個爹。

看來，這一聲「爹」對牛的影響很大，動物尚且如此，可見習慣的重要性。每個人都渴望成功，想要成功，我們就要有成功的習慣，壞習慣就要一一的改掉。

看看那些白手起家、從無到有的成功人士吧！哪一個不是有良好的習慣，堅持努力才有今天的成就，一個人的習慣真的相當重要。

比爾．蓋茲送給年輕人的警告中，曾經有一句話：「你不會一離開學校就有百萬年薪，你不會馬上就是擁有公司配屬手機的副總裁，二者你都必須靠努力賺來。」努力就是成功習慣中最基本的一條，養成好習慣，去掉壞習慣，就是成功習慣中最重要的一條。

現在開始，就讓我們養成好習慣，讓好習慣越來越多，消滅所有的壞習慣，總有一天我們會成功，也會有一個好的人生。

不要過份追求完美

人類之所以會進步，是因為我們有追求完美的天性，在不斷改善與進步中，才有今天的成就，一個追求完美的人，必定是一個積極、上進的人。可是我們必須明白，世界上並沒有十全十美的人與事，絕對的完美並不存在。如果過份的追求完美，只會讓我們越來越失望，甚至走火入魔。如果想讓我們生活得更開心、更輕鬆，不掉入自設的限制之中，就不要過份的追求完美，只有這樣，才可以讓我們的生活更接近完美。

有一個婚姻介紹所為了招攬生意，登出一個巨大廣告，只見上面寫著：給你一個完美情人。原來這家婚姻介紹所全球連線，把世界各國的未婚男女都歸納其中，你只要輸入自己理想對象的條件，就可以在全世界篩選出最理想的那一位。

有一名女子，一直想找一個完美的愛人，就欣然前往，在電腦裡輸入自己完美愛人的條件：年輕帥氣，身強體壯，事業有成……最後還不忘加上：具有紳士風度，喜歡穿燕尾服。

不到三分鐘，電腦就得出了結果，只見螢幕上醒目的出現兩個字：企鵝。

雖然這只是一個笑話，可是過份的追求完美，往往會弄巧成拙、適得其反。追求完美是一件好事，可是過份的執著，往往會讓這種追求變質，變成禁錮我們的牢籠，還會讓我們撞得頭破血流。追求絕對的完美，簡直就是癡人說夢話，這樣的成效沒有人可以達到，如果一直執迷不悟，長久下去，只會讓我們心情緊張、疲憊不堪，加重自己的負擔，甚至使人崩潰。

這就像人人都應該講究乾淨，如果過份的講究，養成潔癖的習慣，就有一點神經質。如果我們可以放鬆心情，正確的看待每一件事，保持平常心，冷靜的對待每一次成功與失敗，不要總是想著超越別人、戰勝別人，只要我們每天都可以取得一點進步，和自己賽跑，超越我們的過去，堅持下去，就可以讓我們更開心一點，同樣也可以取得成功。

不要因為過份的追求完美而忘記我們自己的最初方向，世界上所有的東西都不完美，絕對的完美只存在我們的理想主義中。有時候缺陷也是一種美，相信我們自己的能力，不要求最好，但是我們可以做得更好。不要過份的追求完美，這是和自己過不去。

關注事物的正面意義

既然世界上所有的東西都沒有絕對的完美，有好的一面，必定就會有不好的一面，給自己一個希望、一個轉捩點，多關注事物的正面意義，就可以讓我們的人生更有意義，活得更開心。

一個父親，有一對雙胞胎的兒子，雖然這兩個兒子長得一模一樣，可是性格卻截然不同，一個小孩整天嘻嘻哈哈，認為天底下沒有辦不到的事情，另一個小孩整天除了哭哭啼啼，就是悶聲不出。父親看到二個兒子這樣的表現，決定有所行動，讓二個兒子性格有所中和。

有一天，父親買了好多新衣服、新玩具和好吃的東西，送給那個愛哭的小孩，卻把那個樂觀的孩子推到馬廄裡面，對他不聞不問。過了大半天，父親推開房門，心想一定可以看到那個愛哭鬼露出開心的笑容，沒想到那個傷感的孩子哭得比以前更厲害：「爸爸，新玩具、新衣服用了，一定會變舊的，嗚……」聽到這些話，父親無可奈何，沒想到在馬廄裡卻看到另一個孩子在馬糞堆裡玩得不亦樂乎：「爸爸，馬糞裡一定藏著小馬！」

如果一個人總是往壞的方面想，一定是一個悲觀膽怯的人，對任何事都不會抱有希望，只會給自己的人生設置許多不必要的障礙，更不能受到一點挫折，這樣的人活著真累。相反的，如果一個人積極樂觀，多關注好的方面，就會給自己增添不少信心與勇氣，就連天塌下來也可以當被子蓋，有這個決心與氣魄，還有什麼困難可以難倒我們。

的確，人生不如意的事十有八九，大學生雖然沒有踏入社會，仍然會遇到不少困難，碰到不少挫折，想要更堅定的跨過去，不被困難嚇倒，我們就要多關注事物的正面意義，給自己加油打氣，絕對不能還沒有嘗試就被困難給嚇倒，這不是我們年輕人做事的風格。

多關注事物的正面意義，不要亂了陣腳，自己把困難擴大，給我們自己更多的信心與鬥志，全面瞭解一件事的本質，就可以讓我們大膽前進。

多關注事物的正面意義，絕對沒有錯。

有成功，就要給自己鼓勵

我們經常說，想要獲得成功，靠的是我們堅持不懈的努力，一點一滴的進步，走向成功的路又長又險，不要妄想我們可以一步登天，成功沒有捷徑。不過，我們可以讓自己一直充滿鬥志，勇往直前的向前衝，我們一定會有成功的一天，需要隨時鼓勵自己，隨時給自己充電、提神。

有一個登山愛好者，最喜歡征服世界各地的高山峻嶺，以此證明自己的能力，不過他是一個好勝心極強的人，每一件事都不給自己留有喘氣的餘地，一定要達到最終目的才肯罷休，這一次他要征服的高山，是一座很少有人爬的大山。這個人做好充足的準備，意氣風發的上路了。在途中，他咬緊牙關，把一座座山頭甩在身後，他表現得非常好，但他就是不肯停下來休息一下，在心裡一直對自己說：「不要停，堅持就是勝利，到了最頂峰再休息也不遲。」

由於他不知道山上的情況，到達他自己極限的時候，此人實在撐不住倒了下來，無奈只好選擇放棄，真是可惜，最頂峰就在咫尺之遙。

這的確是很可惜，如果他肯中途休息，讓自己體力得到稍微的休息，一定不會留下這樣的遺憾。每個人給自己定下的目標也一定是困難重重，並不是所有的事情都要一鼓作氣才是最好的選擇。如果我們總要等到最後一刻才肯給自己鼓勵，本來就十分漫長的道路，又被我們自己無休止的加長，會讓我們的心容易感到疲勞與洩氣，在一條周而復始、毫無驚喜的道路上，會讓我們越來越悲觀，很有可能就在快要成功的時候而喪失信心，再也走不下去。

路總是一步步的走下去，取得進步，成功的時候，給自己一點鼓勵、一點掌聲，可以讓我們更堅定的走下去，因為我們會覺得成功又近了一步。當然，取得進步的時候，也不要太得意忘形，無休止的沉浸在喜悅的情緒中，搞不好就會樂極生悲。

取得成功的時候，不要忘記給自己一點鼓勵，不要鬆懈，重新整裝上路，再大的困難，也會在我們一次又一次的進步中消逝，最後的勝利是屬於我們的。

學會放棄

執著是一件好事，可是有時候我們也要懂得放棄，如果為了堅持而弄得魚死網破，這樣的結局有一點淒涼，或者說是執迷不悟，也許我們及時放手，等待我們的將是另一片嶄新的天地。

以前，有一個老人，在火車行駛的途中，不小心把剛買的一隻新鞋掉到窗外，這是老人為了出外旅遊才買回來的鞋，眾人都為老人感到惋惜，沒想到正在這個時候，老人想也不想，就把另一隻鞋也扔出窗外，看得眾人目瞪口呆。

眾人不解，急忙問老人為什麼這樣做，掉了一隻鞋本來就很可惜了，卻還要把第二隻鞋扔下去，可是老人卻平靜的說：「我留著一隻鞋有用嗎？如果別人只能撿到一隻鞋，同樣也沒用。」

是啊，與其二個人都拿著一隻沒用的鞋，還不如有一方放棄，成全另一方。中國有一句古話：「大丈夫拿得起，放得下。」可以拿得起固然好，可是可以放得下就更難得。有時候，放棄並不一定就是失去，也可以說是一種獲得，就像那個老人，最起碼丟了另一隻鞋，但是獲得自己的心平氣和，總好過隨時惦記著那隻撿不回來的鞋子。懂得什麼時候放棄，什麼時候收手，就是一個聰明的人所為。

在我們這個年紀的人，大家都有一點爭強好勝、不服輸的性格。正是由於這個朝氣與拚勁，讓我們取得一次又一次的勝利。可是有不少人在此路不通的時候，還要硬闖，似乎就沒有這個必要。

既然我們已經可以獨立思考，成為自己的主人，我們就要懂得做一件事情的輕重。有時候，一意孤行傷害的不僅僅是自己，還有我們身邊的人，不管多麼嚴重的事情，我們最好不要為了自己的目的，而傷害到別人，這個時候，有理也會變成無理。

任何時候我們都不要失去自己的信念，可是也應該懂得放棄，許多的轉機是從放棄這一刻而出現的。同時，不要忘記善待自己，善待別人。

學會放棄，放寬心，這不算是吃虧或是背叛自己。

學會傾聽

如果一名醫生不詢問病人的症狀，就妄下定論，這個人多半是一個庸醫。認真的傾聽，不只對醫生至關重要，對每個人都是非常重要的。傾聽是一門藝術，不僅要用耳朵聽，還要用心聽，學會傾聽，會讓我們明白許多事情與道理。

我們小時候都聽過一個故事：在古代，曾經有一個小國進貢三個一模一樣的金人給大國，那是三個用金子做的小人，手工精緻，價值連城，皇帝見了十分的喜歡。這個時候，送金人的使者出了一道題目：「這三個金人，哪個最有價值？」經過珠寶工匠的檢查，大家發現這三個小人的重量、工藝完全一模一樣，這可為難了皇帝。

這個時候，一個老臣自告奮勇，拿著三根稻草走了上來，只見他用一根插入第一個金人的耳朵，稻草從另一邊耳朵出來了，第二個金人的稻草從嘴巴裡出來了，輪到第三個金人的時候，稻草卻掉進肚子裡，老臣說：「第三個金人最有價值！」答案正確。

老天給我們一個耳朵就是用來聽的，可是我們卻不能左耳進右耳出，或是聽了之後，誇誇其談，四處宣揚。我們應該學會傾聽，不僅要有耐心，還要用心聽，這不僅是對他人的禮貌，也是成熟的表現。

每天大家都自顧不暇，不知道有沒有想過要停下腳步，聽聽別人的心聲，或是讓別人聽聽我們自己的心情。

每個人都會有心情變化的時候，也會有心生感慨的時候。這時，身邊最需要一個安靜的聽眾，聽自己講心事、談感悟、抒發感情，如果這個時候有人找到我們，千萬不要不耐煩，這是一個難得的機會，我們可以從中學到不少，也可以讓奔波的我們小憩一下，這還意謂著對方對我們的信賴，我們也應該尊重別人的感情。

這個時候，我們只需要閉上嘴巴，帶著耳朵與一顆真摯的心，安靜的聽對方述說，這何嘗不是一種享受，也許下一次就輪到我們述說，對方傾聽。

學會傾聽，帶著我們的心一起去聽。

不要給失敗找藉口

許多人都失敗過，也有許多人為自己的失敗找了許多的藉口，似乎可以讓自己的心裡好過一點。其實，為失敗找藉口毫無意義，不僅沒有意義，還會加深我們的惰性，失敗以後，馬上就忘記痛。失敗了就是失敗了，用不著找藉口，要找的應該是失敗的原因。

有一個故事，名字就叫《找藉口》，看完之後，想了很久，不知道這是故事，還是現實。剛進大學，某班第一次班會，教授拿著點名簿走進教室，擺擺手示意大家安靜：「同學們，大家坐在大學教室裡，人生又向前邁出了一步，值得恭喜。現在，請你們把自己為什麼沒有考取國立大學的原因寫一下，我想以此推選第一屆班長。」

過沒多久，結果就出來了，沒想到原因還真多，看上去也都合情合理，甚至有一點讓人同情，例如：以前太貪玩，不夠用功；壓力太大，臨場發揮不理想；志願填得不好……只有一個人直接寫：「我就是這種水準。」結果教授讓這位同學當了班長，理由就是眾人當中，只有他沒有找失敗的藉口。

大家都知道，事後找藉口是多此一舉，這個藉口只是一個託辭，如果我們因為這個託辭而心安理得，這個藉口還真的發揮它的作用，藉口本來就是以此推卸責任的理由啊！

我們一定要改掉這個壞毛病，不要給失敗找藉口。找了藉口我們就不會自責，也不會用全力去做好每一件事，只好為再次的失敗找藉口，久而久之，我們就會習慣失敗，結果就是我們只要張開嘴巴，就會有許多「合情合理」的藉口。失敗了不要緊，每個人都經歷過失敗，重要的是爬起來繼續努力，不氣餒，找出失敗的原因，避免犯相同的錯誤，我們總有一天會成功。

不要給失敗找藉口，可以找出失敗的原因，也算是一種進步。

不要遷怒他人

一個人心情的好與壞，經常會影響一個人的感覺。開心的時候，覺得天空特別藍，就連平日的死對頭都比從前可愛了不少，可是如果遇到挫折，影響到心情，就會覺得連冬天的陽光都是刺眼的，眼中見到的人也都可惡至極，看什麼都不順眼。這個時候，許多人都會把自己的不快樂牽扯到別人的身上，這種「遷怒」的事情，相信不少人都做過。

有一個老闆，急著趕回公司開會，由於車速太快，被警察攔下來，心不甘情不願的接下罰單，心情壞到極點。回到公司以後，這個老闆就把業務經理叫到房間，問了一下業績，緊接著就把對方訓了一頓，然後換秘書被經理數落了一番，秘書覺得冤枉，也把清潔人員訓斥了一遍，清潔工回家看到兒子把家裡弄得亂七八糟，頓時火冒三丈，罵了小孩一頓，可憐的孩子氣呼呼的回到自己房間，家裡的小貓沒有發現異樣，如往常一樣的跳了上來，當然，小貓無緣無故的挨了小孩一腳。

小貓只能去找老鼠出氣了，原本只是老闆一個人心情不好，沒想到餘震太強，竟然波及到一隻從來沒有見過面的動物身上，實在有一點誇張。

老闆生氣，員工倒楣；教授生氣，學生倒楣；戀人生氣，另一半倒楣；長輩生氣，晚輩倒楣，搞不好你生氣，我們就得倒楣。如此推算，有一點像古時候，一人作案，全家倒楣，大家就像九連環，環環緊扣，誰也脫不了關係。

許多人如果遇到不順心的事情，心裡憋了氣一定要發洩出來，不然心裡不好過，這也無可厚非，大家就是要給自己解壓，放下負擔好上路，可是發洩歸發洩，我們絕不能拿別人出氣，人家既不欠我們，也沒有義務受我們的氣，如果只想著自己出氣，變成「踢貓」的導火線，不但自己的氣消不了，還連累一大群人跟著受氣，這樣做真的太過份。

如果我們有求於人，可是正好遇到對方心情不好，無故受了一肚子氣，真是冤枉，同樣的，如果我們不想自己成為「踢貓」鏈中的受害者，我們自己就不要遷怒他人，凡事心平氣和的解決，就算無法釋懷，也不要亂發脾氣。亂發脾氣是很傷人感情的，如果因為自己的一次「遷怒」而失去一個朋友，就不值得了。

主動接觸成功的人

人要成功，方法只有三個，一是為成功的人做事，二是和成功的人合作，三是讓成功的人為你做事。我們要成功，離不開和成功的人在一起。

有一個人在野外發現有一堆泥土散發著芬芳的香氣，此人聞了驚喜不已，就彎下腰撿起那堆泥土，帶回家。自從家裡有了那堆泥土，房間裡也是香氣怡人，左鄰右舍知道了，紛紛前來參觀，都認為主人好運氣，尋到了珍寶。

鄰居家的一個小孩也好奇的問主人是不是曠世奇寶，只見主人微笑著搖搖頭說：「這的確是一把普通的泥土，只不過它曾經在玫瑰園裡，和玫瑰花相伴了很久。」

與什麼人相處，日子久了就會受到對方的感染，多與成功的人接觸，也會讓我們受益不少。俗話說：「聽君一席話，勝似十年書。」成功的人是花園裡的玫瑰，多與成功的人接觸，一定會有所收穫。

當然，並不是每一位成功的人都是我們的教授，都有義務教導我們，作為學生的我們，不妨主動與他們接觸，找機會與他們多交流、多溝通，我們並不需要依樣畫葫蘆，別人怎麼做，我們就怎麼做。最主要的是學習他們的自信與自強，學習他們成功的好習慣，和不怕失敗的精神。

很有可能我們沒有機會，遇到一些成功人士，這也沒關係，在我們身邊總會有優秀的人，多與那些優秀的學生或是教授接觸，也可以讓我們明白不少道理，學到不少東西。就算是泥土，選擇玫瑰為鄰，吸收它的芬芳，自我勉勵，堅持不懈，總有一天，我們也會成為一枝帶香的玫瑰。

主動接觸成功的人吧！總有一天我們會感謝他們。

不輕易許諾，說出來就要做到

越來越少的人相信「諾言」這二個字，原因很簡單，就是越來越多的人總是隨口答應別人什麼事，答應過後卻拋之腦後，忘得一乾二淨。不僅失信於人，還會傷了對方的心，就再也沒有人會相信諾言的存在。沒有諾言存在的世界，聽起來真的十分悲哀，人與人之間最起碼的信任竟然蕩然無存。我們答應別人某件事情的時候，應該盡力而為，千萬不要輕易許諾，說得出，就要做得到。

小慧與阿豪是一對戀人，二人分手並不是因為他們不相愛，而是因為小慧再也無法忍受阿豪凡事只會口頭上答應，真正付諸行動的卻少之又少，這讓小慧感到十分的委屈，每次心中都充滿希望，可是等來的卻是一次又一次的失望，就像是阿豪親手把小慧從美夢中搖醒，小慧經常說：「寧願阿豪什麼話也沒有說，雖然他什麼也不用做，但是至少不會讓自己抱有太多的希望，不會摧毀自己的美夢。」

不管是戀人之間，還是朋友、親人之間，我們都不要輕易的許下諾言，如果做不到，只會加重對方的失望，久了，對方再也不會對我們抱有任何希望，就如同說了幾次「狼來了」，別人再也不會相信我們，從我們口中說出來的話，就變成一張「空頭支票」，也許會讓我們失去我們今生最愛的人，或是最好的知已。

說出去的話像是潑出去的水，不可能收得回，許下的承諾，就像欠下了別人的債，欠債不還的人，會讓我們失去更多。

可是我們並不能因此而拒絕所有人的請求，或是從來不對自己的戀人和親人，許下任何愛的承諾。

不管是什麼事，或是面對任何人，我們都應該盡力而為，助人為快樂之本，可是千萬不要輕易許諾，否則就要做到。

堅決說「YES」而不是「NO」

每當我們被人問起：「這件事你能做到嗎？」許多人都會猶豫不決，尋找許多的藉口，或是乾脆說不知道。也許這樣做給我們自己留了一條後路，不至於敗得太慘或是失信於人，可是如果我們有這個能力做到這件事，就要堅決的說「YES」，而不是說「NO」或是其他含糊不清的答案。給對方一個肯定的答案，也給我們自己一條明確的道路，那就是全力以赴，盡心做好每一件事。

有一個跳遠運動員，雖然一直勤學苦練，卻總是無法超越一個限度，成績總是停止不前，讓他十分不開心。

有一天，教練問他：「當你準備跳過這段距離的時候，你心裡是怎麼想的？」

這個運動員苦惱的說：「每次起跳，我心裡總是忍不住膽怯，覺得這個距離對我來說實在是太難了，總是感覺跳不過去。」

教練聽了之後，說：「就因為你心裡總是認為自己跳不過，所以你才不可能跳過去，只要你認為自己可以跳過去，就一定可以跳過去。」

這名運動員重振信心以後，他果然跳過去了。

許多事情並不如我們想像中的那麼難，如果心裡猶豫不決，就是提前否定自己，未上戰場就心生怯意，當然不可能發揮我們最佳的水準與實力，事情往往就被我們搞砸了。

有一件事需要我們去做的時候，我們就應該義不容辭的承擔下來，並且對自己說：「我一定可以辦到。」堅定的說「YES」，而不是「NO」，也不用找藉口為自己開脫。一個優秀的人，一定是勇於挑戰，樂於承擔責任，這樣做可以鍛鍊我們的能力，也讓我們有更多學習的機會。當然，如果事情真的在我們能力範圍之外，就不要逞強，這樣做很有可能會失信於人，或是打擊自己的信心。我們可以確定的時候，就給自己信心，相信我們可以達到目的，可是如果我們不能做到某件事的時候，或是無法答應別人的要求，甚至不願意答應的時候，也要給對方一個肯定的答案，不要給別人希望，也不要勉為其難，為難自己。

堅決說「YES」，而不是「NO」，或是堅決說「NO」，而不是「YES」，給別人一個肯定的答案，也給自己一個肯定的選擇。

青春講義 121

大学生
一定要做的100件事

海鴿文化出版圖書有限公司
Seadove Publishing Company Ltd.

作者 真敬
美術構成 騾賴耙工作室
封面設計 斐類設計工作室
發行人 羅清維
企畫執行 林義傑、張緯倫
責任行政 陳淑貞

出版 海鴿文化出版圖書有限公司
出版登記 行政院新聞局局版北市業字第780號
發行部 台北市信義區林口街54-4號1樓
電話 02-27273008
傳真 02-27270603
e - mail seadove.book@msa.hinet.net

總經銷 創智文化有限公司
住址 新北市土城區忠承路89號6樓
電話 02-22683489
傳真 02-22696560
網址 www.booknews.com.tw

香港總經銷 和平圖書有限公司
住址 香港柴灣嘉業街12號百樂門大廈17樓
電話 （852）2804-6687
傳真 （852）2804-6409

出版日期 2020年06月01日 三版一刷
定價 280元
郵政劃撥 18989626戶名：海鴿文化出版圖書有限公司

國家圖書館出版品預行編目資料

大學生一定要做的100件事／ 真敬作. --三版，
--臺北市 ： 海鴿文化，2020.06
面 ； 公分. －－（青春講義；121）
ISBN 978-986-392-314-5（平裝）

1. 大學生 2. 生活指導

525.619 109006479